Jörg Roche (Hg.)
Elisabetta Terrasi-Haufe (Hg.)
Elisabetta Terrasi-Haufe
Jörg Roche
Kathrin Gietl
Mirjana Šimić

33 Methoden: DaZ im Deutschunterricht

fundiert – praktisch – kompakt

Die Internetadressen, die in diesem Werk angegeben sind, wurden vom Verlag sorgfältig geprüft (Redaktionsschluss Juli 2016). Da wir auf die externen Seiten weder inhaltliche noch gestalterische Einflussmöglichkeiten haben, können wir nicht garantieren, dass die Inhalte zu einem späteren Zeitpunkt noch dieselben sind wie zum Zeitpunkt der Drucklegung. Der Auer Verlag übernimmt deshalb keine Gewähr für die Aktualität und den Inhalt dieser Internetseiten oder solcher, die mit ihnen verlinkt sind, und schließt jegliche Haftung aus.

Hinweisen an info@auer-verlag.de auf veränderte Inhalte verlinkter Seiten werden wir selbstverständlich nachgehen.

Gedruckt auf umweltbewusst gefertigtem, chlorfrei gebleichtem
und alterungsbeständigem Papier.

2. Auflage 2016
Nach den seit 2006 amtlich gültigen Regelungen der Rechtschreibung

Coverillustration: © VRD/Fotolia
Umschlaggestaltung: metamedien | Werbung und Mediendienstleistungen, Burgau
Illustrationen: Thorsten Trantow
Satz: Fotosatz H. Buck, Kumhausen
Druck und Bindung: Kessler Druck + Medien GmbH, Bobingen
ISBN 978-3-403-**07687**-2

www.auer-verlag.de

Methoden sind Wege planvollen Handelns zur Erreichung von Zielen. Sie sollen Lehrkräften die Möglichkeit bieten, im Sprachunterricht eine handlungsorientierte Lernumgebung zu schaffen, in der Schüler[1] lernen können, in unterschiedlichen Situationen angemessen zu kommunizieren. Dabei meint „angemessen" in erster Linie „kommunikativ erfolgreich" und bedeutet, dass etwa für mündliche persönliche Kommunikation andere Normen gelten als für formellere schriftliche. Unsere mündliche Sprache ist meist erstaunlich kurz und prägnant, unsere schriftliche erfordert oft große Präzision und formelle, grammatische Korrektheit. Zu wissen, in welcher Situation welche Sprache angemessen ist, deutet auch dann auf eine ausgeprägte Sprachbewusstheit hin, wenn man die Regeln nicht metasprachlich benennen kann.

Wir alle wissen aus dem eigenen Fremdsprachenerwerb, dass metasprachliche Kenntnisse alleine, also zum Beispiel das Auswendiglernen von grammatischen Regeln oder Wörtern, nicht automatisch zu einer korrekten Anwendung führen. Gleichzeitig lässt sich in unseren von den Medien bestimmten Sprachkulturen beobachten, dass nicht nur die metasprachliche Kenntnis von Regeln, sondern vor allem auch ihre angemessene Anwendung in Alltag, Schule und Beruf stark nachlassen. Das gilt leider auch für sogenannte „Muttersprachler" des Deutschen, und oft auch für Erwachsene. Umso wichtiger ist es, mit interessanten und effektiven Methoden für Sprache zu sensibilisieren und die Sprachbewusstheit unserer jungen Generationen zu fördern. Da gute sprachliche Kenntnisse in Bildungsstudien immer wieder als einer der wichtigsten Indikatoren für Bildungs- und Berufserfolg herausgestellt werden, kommt also der frühen sprachlichen Sensibilisierung und Förderung eine fundamentale Bedeutung zu.

Auf diesem für unsere Gesellschaften ebenso wie für individuelle Lebenskarrieren so wichtigen Weg, wollen die hier versammelten Materialien und methodischen Hinweise leicht umsetzbare und effiziente Hilfen für Lehrkräfte anbieten. Die Auseinandersetzung mit unterschiedlichen Methoden fördert die Entwicklung sprachlicher und fachlicher Kompetenzen und erweitert die Möglichkeiten sozialer und individueller Kompetenzen. Genauso wie für Schüler mit Deutsch als Muttersprache (DaM) sind für Schüler mit Deutsch als Zweitsprache (DaZ) eine gut ausgebildete Lernerautonomie sowie gute Selbst- und Sozialkompetenzen wichtige Grundlagen für das Einfinden in neue Fachgebiete, das Aufarbeiten fremder Unterrichtsinhalte und das Knüpfen von Kontakten im Klassenverband, in der Schule und auch im außerschulischen Umfeld. Also gilt es, je nach Themen und Interessen der Schüler sowie nach den Möglichkeiten und Erfordernissen des Unterrichts, möglichst viele Methoden auszuprobieren und unter Umständen auch anzupassen.

1 Aufgrund der besseren Lesbarkeit ist in diesem Buch mit Schüler auch immer Schülerin gemeint, ebenso verhält es sich mit Lehrer und Lehrerin.

Die vorliegenden Methoden eignen sich zum Einsatz in den verschiedenen Phasen handlungsorientierten Deutschunterrichts. Im Vordergrund stehen dabei die Aktivierung der Lernenden und das selbstbestimmte, selbstverantwortliche Lernen. Der Unterricht wird durch inhaltlich relevante Aufgaben gesteuert, deren Lösung schrittweise geplant, vollzogen und bewertet wird. Zu beachten ist, dass die sechs Unterrichtsphasen, die dafür bereitstehen, sich nicht auf einzelne Unterrichtseinheiten beziehen, sondern auf thematisch ausgerichtete Unterrichtssequenzen, die mehrere Stunden umfassen können.

Die einzelnen Phasen, nach denen die Darstellung der 33 Methoden in diesem Band gegliedert ist, sind:

- **Orientieren und informieren**
- **Planen und analysieren**
- **Durchführen**
- **Präsentieren**
- **Bewerten**
- **Reflektieren**

Die gewählten Themen und hervorgehobenen Anwendungsbereiche ergeben sich nicht zuletzt aus den einschlägigen Lehrplänen und Unterrichtsempfehlungen. Sie reflektieren grundlegende organisatorische und kommunikative Schlüsselkompetenzen, die Schüler heute brauchen, um in Schule, Ausbildung und Beruf erfolgreich sein zu können. Daneben wird veranschaulicht, wie eine gezielte Förderung des Hör- und Leseverstehens, des Sprechens und des Schreibens erfolgen kann. Dies umfasst neben Methoden zur Realisierung sprachlicher Produkte und deren Überarbeitung auch Korrektur- und Feedbackverfahren. Letztere werden in einen Kontext eingebettet, in dem **sprachliche Genauigkeit** für Schüler besonders wichtig ist: der Präsentation ihrer Produkte, die in unmittelbaren Zusammenhang mit der Wertschätzung ihrer Leistung steht. Dabei spielen **bildungssprachliche Kompetenzen** oft eine zentrale Rolle. Für sie muss jedoch sensibilisiert werden: Für jegliche Form des Lernens wie auch im späteren Leben bildet das Zusammenspiel von Alltags-, Schul-, Fach- und auch Wissenschaftssprache das Fundament. Aus diesem Grund werden neben Methoden zur Präsentation auch solche zur konstruktiven Bewertung und Reflexion vorgeschlagen. Ein bewusster Umgang mit vorhandenem Wissen und **mehrsprachigen Ressourcen** sowie **Lernstrategien und Arbeitstechniken** bietet ein enormes Potenzial für das selbstregulative, auf Autonomie abzielende Lernen. Dies ist besonders für DaZ-Schüler relevant, damit sie lernen, außerschulischen Input effizient für den **Sprach- und Kulturerwerb** zu nutzen.

Bei der Vermittlung sprachlicher Fertigkeiten ist immer darauf zu achten, dass nicht die Formaspekte in den Vordergrund der Methoden rücken, auch wenn die Form gerade im Bereich der Bildungssprache eine enorm wichtige Rolle spielt. Immer wieder zeigt sich, dass eine primäre Orientierung auf die Form in der Sprachvermittlung genau gegenteilige Effekte erzielt. Dagegen erzielen sinnvolle kommunikative Aufgaben, und darunter gerade auch sinnvolle spielerische, auch die besten Ergebnisse in Bezug auf sprachliche Formkorrektheit. Abgesehen davon motivieren sie die Kinder zum Weiterlernen und Ausprobieren. Außerdem stellen sie für die Lehrkräfte eine viel geringere Belastung dar. Deshalb sollten die hier präsentierten Methoden am besten in Aufgaben eingebettet sein, deren Zielsetzung und Sinn von den Kindern durchschaut und akzeptiert werden können. So kann Unterricht Spaß machen.

Und noch etwas ist zu berücksichtigen: auch wenn im Fokus Kinder mit DaZ stehen, bedeutet dies nicht, dass sie sich als „Ausländer" oder Fremde fühlen oder fühlen sollen. Fragen, wie „und wie ist das bei Euch in der Türkei?" usw. enthalten oft unbewusst bestimmte Fremd(e)zuschreibungen, die von den Kindern als eine Art Stigmatisierung empfunden werden. Mehrsprachigkeit ist für die Kinder, ihre Familien (im Folgenden sprechen wir deswegen auch von Familiensprache) und genauso für die deutschsprachigen Gesellschaften ein unschätzbarer Wert, ein enormes kulturelles Kapital. Es sollte daher auch im Unterricht genutzt werden. Die apriori Zuschreibung „Du bist doch ein Ausländer und gehörst doch eigentlich nicht richtig dazu", sollte vermieden werden. Außerdem lässt sich ja auch feststellen, dass viele Kinder mit Deutsch als Muttersprache (im Weiteren: DaM-Kinder) einen zunehmenden Bedarf an sprachlicher Ausbildung haben, der sich von Kindern mit DaZ gar nicht immer so klar unterscheidet.

Die hier vorgestellten Methoden eignen sich grundsätzlich zur Anwendung in allen Bereichen, die für den Sprachunterricht relevant sind, d.h. sie können sowohl integrativ im Regelunterricht als auch im Förderunterricht eingesetzt werden. Zudem sind die Methoden im Unterricht erprobt worden und haben sich bewährt. Neben Methoden zur Informationsbeschaffung sowie zur Arbeitsteilung und -planung in kollaborativen Lernarrangements werden hier auch Aspekte der Unterrichtsorganisation präsentiert, die durch die Bildung heterogener Lerngruppen die Umsetzung der Prinzipien „Lernen durch Differenz" und „Lernen durch Lehren" zum Ziel haben. Zu den einzelnen Methoden wird ein Hinweis zur Einsetzbarkeit in verschiedenen Klassenstufen gegeben. Genauso enthält dieser Band Hinweise zur Kombinierbarkeit unterschiedlicher Methoden.

Legende der Anwendungs-/Förderbereiche:

BK = Bildungssprachliche Kompetenzen
SG = Sprachliche Genauigkeit
MR = Mehrsprachige Ressourcen
L&A = Lernstrategien und Arbeitstechniken
S&K = Sprach- und Kulturerwerb

Legende der Symbole:

 = Kompetenzen, Lernziel

 = Dauer

 = Material

 = Arbeit mit (neuen) Medien, Internet

1.1 Auf Beweissuche – spielerisches Beleglesen

Im Detektivspiel nutzen die Kinder ihren Entdeckerinstinkt, um Aufgaben durch genaues Lesen zu lösen und die Beweismittel in den Zeilenangaben zu finden. Für noch ungeübte Leser bietet die Methode eine reizvolle Gelegenheit, Strategien des selektiven und detaillierten Lesens einzusetzen.

Lesestrategien zur Informationsentnahme einsetzen und zur Problemlösung nutzen

10 Minuten

Lesetext mit Zeilenangaben, Lupen

Durchführung:

- Die Kinder lesen einen Text.
- Um das inhaltliche Textverständnis zu sichern, spielt die Klasse gemeinsam das Richtig-Falsch-Spiel. Dafür zitiert oder ändert die Lehrkraft Textaussagen.
- Die Kinder entscheiden, ob diese zutreffen oder nicht. Ist die Aussage richtig, stehen die Kinder auf, ist sie falsch, bleiben sie sitzen.
- Um Beweise für ihre Entscheidung zu finden, schlüpfen sie in die Rolle von Detektiven und machen sich mit der Lupe auf die Suche nach zentralen Textstellen und deren Zeilenangaben.

Aufgabenbeispiel:

Die Methode sollte in der 3. Klasse anhand von Lesebuchtexten geübt werden. In der 4. Klasse können die Kinder zunehmend selbstständig und individuell damit arbeiten. So können die Lupen bei der Lektüre von Sachtexten genutzt werden, um Fragen zum Text zu beantworten und mit Textstellen zu belegen.

Hinweise / Stolperstellen:

- Die Lupen können als Hilfsmittel in den gesamten Unterricht einbezogen werden. Sie dienen als Symbol für genaues Lesen in allen Fächern und unterstützen die Kinder spielerisch beim Erlernen des Beleglesens.
- Die Lupen können aus Pappe von den Kindern selbst hergestellt werden. Kleine Spielzeuglupen sind allerdings motivierender und auch im Klassensatz erschwinglich.

Variation:

- Es bietet sich an, den Kindern die Lupen auch bei Lernzielkontrollen oder Proben zur Verfügung zu stellen.
- Die Methode kann durch weitere Lesestrategien (z. B. das Markieren von Schlüsselwörtern mit einem Textmarker) erweitert werden.
- Es können Ausweise für Lesedetektive mit wichtigen Strategien erstellt werden.

Leicht veränderte Version des beliebten Kinderspiels. Anstelle eines virtuellen Koffers wird ein echter (nicht eingepackt sondern) ausgepackt. Darin befinden sich viele für alle Kinder wichtige und interessante Hilfsmittel und Materialien für den Unterricht. Durch die Bereitstellung im Koffer wird der Zugang zu den Hilfsmitteln erleichtert, was für jene (DaZ-)Kinder besonders hilfreich ist, die im familiären Kontext keinen Zugang zu Hilfsmitteln haben.

Sich mit dem Nutzen von Hilfsmitteln beschäftigen und den Umgang mit ihnen üben

10–20 Minuten

ein Koffer (mit Schloss, ganz alt, mit Löchern zum Hineinspähen), Wörterbücher, Lexika, Sachbücher, Informationsmaterialien mit Grafiken und Tabellen, Realien, Spiele

Durchführung:

- Zu Beginn einer neuen thematischen Unterrichtseinheit wird den Schülern der verschlossene Koffer angeboten.
- Er wird im Plenum geöffnet und jedes Kind entnimmt daraus einen Gegenstand.
- Es zeigt ihn der Klasse und sagt: „Ich packe diesen Koffer aus und finde … Damit kann man … / Darin findet man …"
- Weiß ein Schüler nicht, wozu ein Gegenstand dient, kann er einen anderen um Hilfe bitten: „Was man damit machen kann, weiß ich nicht und frage …"
- Wenn der Koffer ausgepackt ist, werden die im Koffer enthaltenen Gegenstände inventarisiert.
- Danach können sie für die zu bearbeitenden Aufgaben ausgeliehen werden. An jedem Tag ist ein anderer Schüler für die Ausleihe verantwortlich.

Aufgabenbeispiele:

- Um mit einer 2. Klasse einen Haustier-Steckbrief zu erarbeiten, sollte der Koffer Tierlexika, einen Atlas und/oder Globus, Sachbücher zu Tieren, Tierfiguren (z.B. von Schleich oder Playmobil), Tierbilder, eventuell Realien (Tierzähne, Fellstücke, Knochen, Hundeleine, Futternapf, Hamsterrad, ...), Ratgeber zur Tierhaltung und Wörterbücher enthalten. Außerdem müssen den Kindern folgende Materialien bereitgestellt werden: Fotokarton, Applikationen, bunte Stifte, Muster und Checkliste zur Textsorte Steckbrief.
- Enthält der Koffer altersgerechtes Material zu einer Klassenlektüre (z.B. „Die Hexe Lakritze" für die 1. Klasse) sowie Ausmalbilder, Verkleidungen und passende Requisiten, dient er als Hilfsmittel zur Vorbereitung von Spielszenen. Die Schüler sollen in Gruppen kleine Szenen entwerfen, diese schriftlich oder bildlich festhalten und vorspielen.
- Mithilfe entsprechender Materialien im Koffer informieren sich Schüler der 4. Klasse darüber, was ihre Gemeinde leistet und bietet, und bestimmen einen für sie relevanten Bedarf (neuer Spielplatz, Verkehrsberuhigung oder ein anderes für sie aktuelles Thema), um einen Brief an den Bürgermeister zu verfassen.

Hinweise / Stolperstellen:

Die Schüler können den Koffer selbstverständlich durch Leihgaben (auch in anderen Sprachen oder aus anderen Ländern) ergänzen. Bei jüngeren Schülern eignen sich Realien und Bilder, die zu Illustrationszwecken eingesetzt werden, besonders gut. Bei bestimmten Hilfsmitteln, wie zum Beispiel Wörterbüchern oder Lexika, brauchen jüngere Schüler eine Anleitung (Ähnliches gilt für Internetrecherchen). Genauso bietet es sich an, Kärtchen mit Lesestrategien hinzuzufügen. Auch die Interpretation von Grafiken und Tabellen bedarf der Unterstützung durch die Lehrkraft.

Variation:

Materialpakete können auch für Gruppenarbeiten differenziert zur Verfügung gestellt werden. Bei Bedarf können sie für noch nicht ausreichend alphabetisierte Schüler mit vielfältigem Tonmaterial sowie mit Bilderkarten und Schreibvorlagen angereichert werden. Zweisprachige Wörterbücher oder Glossare können bei Bedarf auch enthalten sein.

In diesem Spiel erfahren alle Kinder, wie wichtig es ist, präzise Angaben für die Lösung von Aufgaben zu nutzen. Je nach Wissensstand und Lernfortschritt im Deutscherwerb erkennen DaZ-Kinder zunächst wichtige Signalwörter oder sie können bereits Details erfassen und notieren.

 Signalwörter durch genaues Hinhören erkennen und notieren

 20 Minuten

 Lesetext (Sachtext, Geschichte)

Durchführung:

- Die Kinder setzen sich in Tandems oder Kleingruppen zusammen, möglichst DaM- und DaZ-Kinder gemischt.
- Die Lehrkraft oder jeweils ein Kind der Gruppe liest einen Text vor.
- Die Kinder notieren schon beim ersten Vorlesen erste Informationen.
- Sie vergleichen im Tandem/in der Kleingruppe, was sie notiert haben.
- Dann wird noch einmal vorgelesen und die Kinder ergänzen ihre Notizen.

Aufgabenbeispiel:

Es wird ein Textabschnitt aus der Lektüre „Schulgeschichten vom Franz" (Christine Nöstlinger, geeignet für 2./3. Klasse und für DaZ-Lerner) vorgelesen. Nach dem ersten Lesedurchgang vergleichen die Kinder ihre Notizen und kommen darüber ins Gespräch, insbesondere an den Stellen, an denen sie Unterschiedliches notiert haben. Beim zweiten Vorlesen konzentrieren sich die Kinder dann auf die Informationen, die sie noch nicht notiert hatten (aber von anderen Kindern notiert wurden) oder bei denen unterschiedliche Informationen festgehalten wurden. Danach vergleicht die Gruppe noch einmal ihre Notizen und prüft sie im Text nach. Um Informationen präzise zu vergleichen, eignet sich die Methode des Beleglesens (vgl. 1.1 Auf Beweissuche).

Weitere Einsatzbeispiele:

- Es können auch Hörbücher verwendet werden: Das Kinderbuch „70 Tricks, um nicht baden zu gehen" (Gideon Samson) eignet sich z. B. für die 3./4. Klasse, Bände aus der Reihe „Die drei Fragezeichen" (Christoph Dittert) können ab der 3. Klasse eingesetzt werden.
- Mit dieser Methode können DaZ-, aber auch DaM-Kinder mit traditionellen, (vermeintlich) allseits bekannten Kinderliedern vertraut werden. Das Lied „Grün, grün, grün sind alle meine Kleider" eignet sich darüber hinaus gut, um sich mit den Themen „Farben" und „Berufe" zu befassen. Je mehr Wiederholungen (von Textabschnitten) in einem Lied vorkommen, desto einfacher ist es für Sprachanfänger und in niedrigeren Klassenstufen.

Hinweise / Stolperstellen:

- In der Zusammensetzung in Tandems oder Kleingruppen mit unterschiedlichem Sprachniveaus erweitern DaM-Kinder ihre Ausdrucksfähigkeit, indem sie das Gehörte/Notierte nochmals erklären. Die DaZ-Kinder erfahren dadurch eine Wiederholung der Textinhalte, die das Verständnis vertiefen, und sie haben die Möglichkeit, individuell nachzufragen. Aufgrund der immer vorhandenen Heterogenität von Lernergruppen ist dieser Effekt auch bei einer reinen DaZ-Kleingruppe zu erwarten, wenn auch weniger ausgeprägt.
- Für DaZ-Anfänger ist das Verstehen von professionellen Aufnahmen sehr viel einfacher, als die Variationen des direkten Vorlesens zu entziffern.
- Als Hilfestellung können gemeinsam vorab Beispielfragen formuliert werden, z. B. „Welche Personen kommen in der Geschichte vor? Was passiert? Wo spielt die Geschichte?"
- Beim Einsatz von Hörmedien sollten die Raumbedingungen geeignet sein, sodass sich die Gruppen nicht gegenseitig stören.
- Einen Probedurchlauf sollte man mit der ganzen Klasse durchführen, um sicherzustellen, dass die Aufgabenstellung verstanden ist.
- Der Text sollte nicht zu lang sein.

Variation:

- DaZ-Anfänger notieren erstmal nur einzelne Wörter. Fortgeschrittene und DaM-Kinder können das Verstandene schon in längeren Ausdrücken und Sätzen notieren.
- Die Aufgabe kann um eine Bewertung des Vorlesens erweitert werden. So bewerten die Kinder z. B. die Geschwindigkeit und die Deutlichkeit beim Vorlesen. Ältere Kinder können schon sagen, ob genügend Pausen an den richtigen Stellen gemacht wurden, oder vorschlagen, wo man diese machen sollte, um das Verstehen zu erleichtern.

Wörter werden variantenreich und spielerisch vorentlastet und geübt. Während Sprachanfänger so neue Wörter v. a. auf der Bedeutungsebene dazulernen, werden DaM-Kinder für metasprachliche Phänomene sensibilisiert.

 Wortschatz kennenlernen und üben

 10 Minuten

 Schachtel mit zauberhaftem Motiv, Wortschatz in Form von Realgegenständen, Bildern und Hinweiskärtchen, Wortkarten

Durchführung:

- Die Lehrkraft überlegt sich im Vorfeld, wie der neu einzuführende Wortschatz veranschaulicht werden kann. Je nach Wort ist es sinnvoll, einen Realgegenstand zu verwenden, ein Bild zu zeigen, die Bedeutung nachspielen zu lassen oder das Wort mit anderen Wörtern zu vergleichen (z. B. das Gegenteil zu bilden, ein Synonym zu finden oder eine kurze Worterklärung anzubieten). Einfallsreichtum zahlt sich bei dieser Methode aus.
- Die Lehrkraft präsentiert den Kindern die „Zauberhafte Wörterbox", in der sich die Realgegenstände, Bilder und Hinweiskärtchen befinden sowie Wortkarten mit den Bezeichnungen dazu.
- Eine Expertengruppe von Kindern darf sich nun zu jeder Wortkarte die Entsprechung (Bild, Realgegenstand oder Hinweiskärtchen) heraussuchen.
- Diese Kinder moderieren nun ein Ratespiel für die Klasse. Sie zeigen den Realgegenstand, das Bild, lesen ihr Hinweiskärtchen oder spielen die Bedeutung vor. Die anderen Schüler raten, um welches Wort es sich dabei handelt.

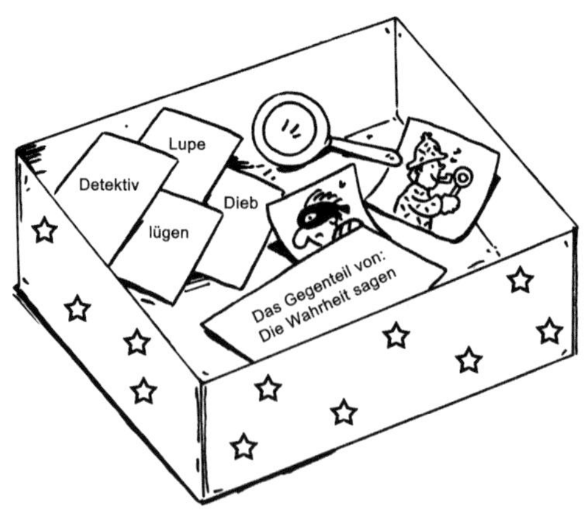

Aufgabenbeispiel:

Gemeinsam wird eine Detektivgeschichte gelesen. Einzelne Geschichten bietet dafür z. B. das Buch „Die Abenteuer der schwarzen Hand" (Hans Jürgen Press), das auch als Klassenlektüre in der 3. / 4. Jahrgangsstufe gelesen werden kann. Bevor die Kinder mit dem Text konfrontiert werden, zieht eine Expertengruppe die Schlüsselwörter aus der Wörterbox und findet deren Entsprechungen. Das können je nach Sprachstand der Klasse Wörter wie „Detektiv", „Dieb", „Lupe" oder „lügen" sein. In der Wörterbox befinden sich neben den Wörtern eine echte Lupe, Bilder eines Detektives und eines Diebes sowie ein Hinweiskärtchen mit der Aufschrift: „Das Gegenteil von: Die Wahrheit sagen". Die Kinder präsentieren daraufhin ihren Gegenstand, ihr Bild oder ihren Hinweis der Klasse, sodass die Wörter erratet werden können. Die zentralen Wörter sind vorentlastet und die Detektivgeschichte kann gelesen werden.

Hinweise / Stolperstellen:

- Die Expertengruppe der Kinder, die den Wortschatz präsentiert und das Ratespiel moderiert, kann als Klassendienst eingerichtet werden, der z. B. einmal im Monat gewechselt wird. Es erweist sich als bereichernd, wenn die Expertengruppe sowohl aus DaM- als auch aus DaZ-Kindern besteht.
- Diese Form der Wortschatzvorentlastung ist eine lehrerzentrierte Maßnahme, da die Lehrkraft im Rahmen ihrer Unterrichtsplanung im Vorfeld entscheidet, welche Wörter sie für den Unterricht als bedeutsam erachtet. Wichtig ist es aber auch, offen für die Bedürfnisse und Anregungen der Kinder zu bleiben. Es ist sinnvoll, immer einige unbeschriebene Wortkarten dabei zu haben. So können weitere Wörter, die sich in der Unterrichtssituation als wichtig für die Kinder herausstellen, in die Wörterbox aufgenommen werden.
- Die Schüler können zunehmend selbst entscheiden, welche Wörter für sie im Text bedeutsam sind und eigene Wege finden, sich diese zu erschließen.

Variation:

Es können auch von den Kindern eigene, individuelle Wörterboxen gestaltet werden. Ihre Wörterbox haben sie immer dabei und füllen sie mit Wörtern, Bildern, Gegenständen und Hinweisen auf. So können die Kinder auch zu Hause die Wörter noch einmal üben und ergänzen. Die Lehrkraft kann die Wörterboxen der einzelnen Kinder mit themenspezifischem oder individuellem Material bereichern.

1.5 Individuelle Wörterliste

Eine individuelle Wörterliste dient allen Kindern als Merkhilfe. Die Mehrsprachigkeit der DaZ-Kinder wird einbezogen und wertgeschätzt. Strategien für das weitere, immer selbstständigere Lernen lassen sich ableiten.

Wortschatz kennenlernen und durch Merkhilfen festigen; Verantwortung für das eigene Sprachlernen übernehmen

10 Minuten

Vorlage (s. Beispiel), Schnellhefter

Durchführung:

- Gemeinsam werden in einem Schnellhefter einige Vorlagen abgeheftet. Die Kinder gestalten ein ansprechendes Deckblatt für ihre Wörterlisten.
- Die Kinder notieren selbstständig die Wörter, die ihnen zu einem schulischen Thema oder in einer Alltagssituation wichtig erscheinen.
- Zu diesen Wörtern werden nun Merkhilfen gesucht. Hierbei stehen den Kindern unterschiedliche Strategien zur Verfügung: Sie fragen die Lehrkraft bzw. einen Mitschüler, sie schlagen in einem Wörterbuch nach oder sie recherchieren im Internet mithilfe einer Kindersuchmaschine. Gegebenenfalls hat die Lehrkraft die Lernumgebung auch so vorbereitet, dass die Kinder im Raum Gegenstände, Bilder oder Hinweise zu einigen Wörtern finden können.
- Dann wird das Wort, die Merkhilfe sowie die Entsprechung in einer anderen Sprache (bei DaM-Kindern in einer Fremdsprache z. B. eines befreundeten DaZ-Kindes, bei DaZ-Kindern in der Familiensprache) notiert.
- Die Wörterliste haben die (DaZ-)Kinder immer bei sich, sodass sie in jeder unterrichtlichen Situation und im Alltag zu Hause genutzt werden kann.

Aufgabenbeispiel:

- In der 2. / 3. Klasse wird die Lektüre „Das Sams" (Paul Maar) im Unterricht behandelt. Die Schüler werden aufgefordert, ein Kapitel mit dem Partner zu lesen und zentrale Wörter in ihre Wörterliste einzutragen. Das können Wörter sein, die den Kindern in dem Kapitel wichtig erscheinen. Aber es werden auch Wörter, welche die Kinder nicht verstehen, notiert.
- In der 4. Jahrgangsstufe können die Kinder ihre Wörterlisten bereits selbstständig und individuell nutzen. Beim Üben einer Pro-und-Contra-Argumentation zum Thema „Vor- und Nachteile einer Schuluniform" könnten die Kinder z. B. ihre Wörterliste eigenständig mit themenspezifischem Wortschatz erweitern. Bei diesem Thema könnten DaZ-Kinder die Situation ggf. sogar inhaltlich mit eigenen Erfahrungen mit Schulsystemen, in denen das Tragen einer Schuluniform Pflicht ist, bereichern.

Hinweise / Stolperstellen:

- Den Kindern fällt es gelegentlich schwer, sich an Wörter in ihrer Familiensprache zu erinnern oder diese zu schreiben. Das hängt davon ab, inwieweit sie darin alphabetisiert sind bzw. ob sie in einem bestimmten Themenbereich den Wortschatz aktiv beherrschen. Auch diese Erfahrung sollte genutzt werden, um metasprachliche Kommunikation anzuregen. Die Eltern erfahren in diesem Zusammenhang eine besondere Wertschätzung, wenn sie als Sprachexperten auftreten und mit Wörtern aus ihrer Erstsprache weiterhelfen können.
- Um die Kinder zu motivieren, möglichst viele Wörter in ihre Wörterlisten aufzunehmen, könnten am Ende einer Unterrichtssequenz die „Wörterkönige" besonders gewürdigt werden.

Variation:

Sollte ein Kind in einem anderen Schriftsystem als dem lateinischen alphabetisiert sein, sollte es die Chance bekommen, seine Expertise in den Unterricht einzubringen, und beispielsweise den anderen Kindern einige neue Buchstaben / Zeichen beibringen.

Beispiel für die Kopiervorlage:

Dieses Wort merke ich mir	So kann ich es mir merken	So heißt das Wort auf arabisch
die Lupe		________________

1.6 Wo bin ich?

BK / SG | Kl. 1–

Mit der Beschreibung von Orten und Plätzen aus dem Lebensumfeld erarbeiten die Kinder Wortschatz zu Orts- und Richtungsangaben, die sie für den Alltag brauchen. Darüber hinaus werden sie mit ihrem Wohnort vertraut und lernen sich in diesem zu orientieren.

sich im eigenen Lebensumfeld orientieren lernen; Plätze, Dinge und Gebäude in der Umgebung bewusst wahrnehmen, um sie bei Bedarf präzise zu beschreiben

20–40 Minuten (je nachdem, ob in Kleingruppen oder im Plenum gearbeitet wird)

Stadt- oder Landkarten, Plan des Schulgeländes

Durchführung:

- Die Schüler sollen sich einen Platz oder einen Ort vorstellen, an dem sie sich gut auskennen. Dabei sollen sie darauf achten, dass der Ort auch den anderen Schülern bekannt ist.
- Die Schüler beschreiben nun den Ort. Sie schreiben auf, was man von dort aus sehen kann, und lesen es dann vor.
- Die anderen Kinder raten, welcher Ort gemeint ist. Wer richtig geraten hat, ist als nächster an der Reihe.

Aufgabenbeispiel:

Die Schüler sollen sich einen Platz vorstellen, den sie als Treffpunkt mit einem Freund wählen würden, z. B. bei der Tischtennisplatte auf dem Schulhof oder am Eingang zur Turnhalle. Um zu gewährleisten, dass alle Kinder die Orte kennen, könnte die Klasse zunächst gemeinsam einen Rundgang über das Schulgelände machen und wichtige Dinge wie z. B. die Tischtennisplatte, das Klettergerüst, den Sandkasten etc. benennen. Dann notieren die Kinder, was sie von „ihrem" Platz aus sehen können. Reihum liest nun jedes Kind seine Notizen vor. Dabei sollten alle etwa gleich viele Dinge nennen, also z. B. drei. Die anderen Kinder hören zunächst aufmerksam zu und machen dann Lösungsvorschläge.

Weitere Einsatzbeispiele:

- Anhand eines Stadtplans beschreiben die Kinder einer 3. / 4. Klasse ihren Weg, ohne ihr Ziel zu nennen. Dabei nutzen sie zum Beispiel Richtungsangaben („Ich gehe nach rechts.") und Ordnungszahlen („An der dritten Ampel biege ich links ab."), um ihren Weg zu beschreiben. Wenn das Kind angekommen ist, fragt es: „Wo bin ich jetzt?". Die Kinder, die den Weg auf dem Stadtplan mitverfolgt haben, geben nun Lösungsvorschläge.
- Diese Methode kann auch zur Orientierung in Texten oder Schulbüchern genutzt werden. Zum Beispiel mit der Beschreibung einer Seite im Deutschbuch und der Frage: „Auf welcher Seite bin ich?" In der ersten Klasse werden die Schüler – solange sie noch nicht vollständig lesen können – eher die Abbildungen benennen. Ab der 3. Klassenstufe kann die Lehrkraft den Auftrag formulieren, keine Abbildungen, sondern die Seiten nach Überschriften, Tabellen oder Aufgaben zu beschreiben. So können auch Bücher aus anderen Fächern in die Aufgabe integriert werden, z. B. aus Mathematik oder dem Sachunterricht.

Hinweise / Stolperstellen:

- Bei dieser Methode empfiehlt es sich, vorher konkrete Gesprächsregeln einzuführen. Gerade bei Sprachanfängern ist es wichtig, dass jedes Kind seine Beschreibung zu Ende sprechen darf und nicht schon vorher unterbrochen wird. So hat jedes Kind Zeit, mitzudenken sowie seine Beschreibung zu präsentieren und damit die (neuen) Wörter zu üben. Zudem verhindert die Einhaltung dieser Regel das planlose Raten.
- Bei der Benennung der Dinge zur Beschreibung des Ortes können die Kinder je nach Lernstand ein Wörterbuch oder ihre individuelle Wörterliste (s. 1.5) zu Hilfe nehmen. Auch die Arbeit im Tandem mit einem anderen DaZ- oder DaM-Kind bietet sich an.

Variation:

- Wenn Beschreibungsanfänge vorgegeben werden, z. B. „Da ist ein ..." oder „Ich sehe ein / eine / einen ..." kann die Verwendung von Nominativ und Akkusativ gesteuert werden. Die Modalverben und die Satzklammer werden geübt, wenn Mustersätze wie „Von hier aus kann ich ...... sehen." angeboten werden.
- Die Beschreibung reeller Orte kann zum Entwurf von Orientierungslaufübungen genutzt werden (vgl. auch „Orientierungslauf für die Schule", Auer Verlag).
- Ebenso wie Orte können auch Tätigkeiten beschrieben werden. Dabei wird das Verb nicht genannt, sondern die Tätigkeit und die Gegenstände, die man dafür ggf. braucht, beschrieben.

Die Kinder denken darüber nach, was sie bald können möchten, und besprechen die Lernschritte mit der Lehrkraft. Das gemeinsame Besprechen und bewusste Aufteilen des zu bewältigenden Lernstoffes in kleinere, einzelne Schritte gibt Orientierung in der Menge des sprachlichen und inhaltlichen Inputs für DaZ- wie DaM-Kinder.

Lernziele im Fach Deutsch bestimmen und in einer Mindmap organisieren; metasprachlichen Wortschatz wiederholen und festigen; eigene Lernziele bestimmen und Verantwortung dafür übernehmen; Lernmethoden reflektieren und bewusst einsetzen; das eigene Lernen planen

20 Minuten

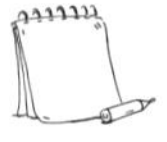

ein liniertes DIN-A5-Heft als Lerntagebuch

Durchführung:

- Gemeinsam werden Lernziele im Fach Deutsch in einer Mindmap gesammelt.
- Die Schüler überlegen individuell, welche Lernziele sie bald erreicht haben möchten, und schreiben ihr Lernziel in ein Lerntagebuch.
- Sie überlegen, wie sie das schaffen können, wie sie lernen wollen und notieren auch die Lerntechniken.
- Jeder Schüler bespricht sein Lernziel mit der Lehrerin.
- Ob und wann das Lernziel erreicht wurde, sollte später in einem Lerngespräch (s. 6.4) gemeinsam mit der Lehrkraft reflektiert und im Lerntagebuch ergänzt werden.

DATUM:	MEIN LERNZIEL	DATUM:	MEIN LERNZIEL
Das möchte ich bald können:	– 10 neue Wörter für Tiere	Das möchte ich bald können:	– Ich möchte die Geschichte „…" ohne Fehler lesen.
So möchte ich es lernen:	– Ich suche Tiere in einem Lexikon. – Ich schreibe die Namen von 10 Tieren auf. – Ich lese sie jeden Abend 2 Mal laut vor.	So möchte ich es lernen:	– Ich lese die Geschichte erst ganz langsam und leise für mich. – Dann lese ich sie laut vor und unterstreiche die schwierigen Wörter, bei denen ich immer Fehler mache. – …
Bis wann möchte ich es gut können?	– bis nächsten Freitag	Bis wann möchte ich es gut können?	…
Lernziel erreicht, besprochen am: __________	– hab alles geschafft oder – das muss ich noch üben:	Lernziel erreicht, besprochen am: __________	…

Aufgabenbeispiel:

Die Lehrkraft beginnt diese Methode mit der Impulsfrage (an der Tafel): *Was kann man im Fach Deutsch alles lernen?* Gemeinsam sammelt die Klasse (oder eine Gruppe) Ideen, z. B. in Form von konkreten Wortbeispielen: „Wörter mit ä, ü und ö" oder „Ein Gedicht lernen". Die Lehrkraft schreibt die Fachbegriffe an die Tafel. Zu den beiden Beispielen könnte sie „Wörter mit Umlauten" und „Gedicht auswendig lernen" aufschreiben. Zu jedem genannten Bereich wird ein konkretes Beispiel notiert. Aus den ersten Ideen differenzieren die Kinder weiter und beschreiben genauere Lernziele. So entsteht eine Mindmap, die als Orientierung und als Grundlage zur Auswahl eines Lernziels dient. Außerdem wird der metasprachliche Wortschatz zur Beschreibung der Sprache (und der Lerngegenstände) im Fach Deutsch wiederholt und für alle sichtbar festgehalten.
Jedes Kind wählt nun einen Bereich der Sprachbeschreibung aus und formuliert – ggf. mithilfe von Mitschülern – sein Lernziel. Im nächsten Schritt überlegt es, wie es das Lernziel erreichen kann. Wenn die Methode eingeführt wird, ist es hilfreich, eine Liste mit Lerntipps bereitzustellen.
Die Auswahl des Lernziels hängt sehr von den individuellen Eigenschaften (eher mutig oder eher vorsichtig) ab und kann durch die Lehrkraft sehr gut begleitet werden. Es kann ein Bereich sein, der dem Kind noch fremd ist, aber auch einer, den es schon recht gut beherrscht und noch festigen möchte.

Hinweise / Stolperstellen:

- Es sollte immer nur ein Lernziel gewählt werden.
- Die Zeitplanung sollte auch gemeinsam besprochen und auf dem „Lernplan" festgehalten werden. Dies kann eine Woche sein oder auch ein Zeitraum bis nach den Ferien (bei kurzen Ferien).
- Mit einer vorbereiteten Liste zu Lerntipps oder der Erinnerung, wo diese im Buch stehen, können auch schwächere Schüler die Lernschritte gut eigenständig formulieren.
- Es empfiehlt sich die Mindmap, die aus dieser gemeinsamen Sammlung entstanden ist, auf ein DIN-A3-Blatt zu übertragen und gut sichtbar im Klassenzimmer aufzuhängen. Auf diese Weise nehmen die Schüler immer wieder die metasprachlichen Begriffe sowie die Bereiche der Sprachbeschreibung wahr und beschäftigen sich mit diesen.
- Auch die Mindmap kann bei den Lerngesprächen (s. 6.4) wieder herangezogen werden.

Variation:

Anstelle von Fachlernzielen kann mit Lebens-, Berufs- oder Reisezielen gearbeitet werden.

Um sich an Entscheidungen zu beteiligen, eignen sich die Kinder Wortschatz und Strukturen zur Formulierung der eigenen Meinung für oder gegen einen Vorschlag an. DaZ-Kinder hören Sprachbeispiele zur Meinungsäußerung von ihren DaM-Mitschülern, die – je nach Förderung und Gesprächsverhalten zu Hause – diese auch weiter ausbauen und üben können.

Redemittel zum Ausdruck der eigenen Meinung und zum Formulieren von Argumenten kennenlernen und gezielt anwenden; Entscheidungsfindungs- und Entscheidungskompetenzen ausbauen

45 Minuten, ggf. über 2 Unterrichtseinheiten für die 3. Klasse oder bei zeitaufwendiger Recherche

Informationsmaterial (Flyer, Infotexte aus dem Internet, themenspezifische Bücher), DIN-A3-Blätter für Plakate, Kleber, Schere; Blöcke für Notizen beim Rundgang

Durchführung:

- Zur Einführung sammelt die Lehrkraft mit den Kindern Redemittel, mit denen man ausdrücken kann, ob man für oder gegen etwas ist (s. rechts)
- Die Lehrkraft bereitet mehrere Vorschläge zu einer Unternehmung/Aktivität vor und bringt dazu Informationsmaterial mit.
- Die Vorschläge werden auf Gruppen verteilt.
- Anhand der Quellen gestaltet jede Gruppen ein (Werbe-)Plakat mit überzeugenden Argumenten für ihren Vorschlag.
- Die Gruppen besichtigen die Plakate bei einem Rundgang (vgl. 4.2), vergleichen sie miteinander und machen sich Notizen für die Pro-und-contra-Diskussion.
- Im Plenum bringen sie zu jedem Vorschlag ihre Argumente vor und entscheiden sich gemeinsam und demokratisch für einen Vorschlag.

Aufgabenbeispiel:

Die Methode eignet sich sehr gut zur Auswahl von Schulprojekten, Projekten zu Spendeneinnahmen, zur Umgestaltung des Klassenzimmers oder zur Wahl des Klassensprechers. Auch das Ziel des Klassenausflugs kann so festgelegt werden. Dafür werden die Vorschläge für die Ausflugsziele unter den Gruppen aufgeteilt und jeweils ein „Werbeplakat" gestaltet. Die Kinder überlegen dabei auch, wie Informationen am wirkungsvollsten dargestellt werden können. Wenn die Plakate fertiggestellt sind, gehen die Kinder herum, informieren sich über die anderen Ausflugsziele und machen sich Notizen. Dabei können sie – je nach Sprachstand – die im Vorfeld gesammelten Redemittel zum Argumentieren zu Hilfe nehmen. Anschließend diskutiert die Klasse über die einzelnen Ausflugsziele. Die Lehrkraft hält an der Tafel in einer Pro-und-contra-Liste zu jedem Ausflugsziel die Argumente der Schüler fest. Wenn alle Argumente vorgebracht sind, stimmt die Klasse über den Schulausflug ab.

Redemittel, um Vorschläge und Ideen einzubringen:	Redemittel, um Zustimmung zu äußern:
– Ich habe eine Idee. Wir könnten … – Mein Vorschlag ist, dass wir … – Ich fände es gut, wenn wir … – Ich möchte gerne … – Mir würde am besten gefallen, wenn … – Ich habe einen Vorschlag.	– Ich bin dafür. – Ich finde die Idee/den Vorschlag gut. – Ich stimme zu. – Ich finde diesen Vorschlag am besten. – Mir gefällt die erste/zweite Idee am besten.
Redemittel, um Meinungen anderer einzuholen: – Was hältst du davon? Was haltet ihr davon? – Wie findest du das? Wie findet ihr das? – Gefällt dir die Idee? Gefällt euch die Idee? – Wie ist deine Meinung dazu? Wie ist eure Meinung dazu? – Was denkst du? Was denkt ihr?	Redemittel, um Nicht-Zustimmung zu äußern: – Ich bin dagegen. – Ich finde die Idee/den Vorschlag nicht gut, weil … – Ich stimme nicht zu. – Diese Idee gefällt mir nicht. – Ich möchte nicht …

Hinweise / Stolperstellen:

- Bei dieser Methode ist die Zusammenarbeit in Gruppen oder Tandems sehr zu empfehlen. DaZ-Kinder können ihre Argumente noch nicht so gut zum Ausdruck bringen und profitieren davon, dass ihre Vorschläge mithilfe der DaM-Kinder überzeugend und sprachlich richtig formuliert werden. Die DaM-Kinder lernen die Gedanken ihrer DaZ-Mitschüler in der Gruppe aufzugreifen und in sprachliche Form zu bringen. Durch den Austausch darüber, was man gemeint hat, üben sich beide Schülergruppen in der Genauigkeit des Ausdrucks.
- Es ist wichtig, dass die entschiedenen Aktivitäten dann auch tatsächlich stattfinden.
- Die Lehrkraft unterstützt die Kinder dabei, ihre Meinung sachlich und wertschätzend zu formulieren. Für Kinder, die noch sehr am Anfang stehen, bietet es sich an, Satzanfänge für befürwortende oder ablehnende Argumente auf einer Vorlage anzubieten.
- Die Sammlung der Informationen sollten die Kinder (in Stichpunkten) aufschreiben. Ebenso die Formulierung ihrer Argumente. Die Unterlagen heften sie am besten nach der Entscheidung in ihrem Portfolio ab, sodass sie sie bei den nächsten Entscheidungen wieder heranziehen können.

Variation:

Als vorbereitende Übung zu Referaten können die beschafften Informationen und Argumente auch mündlich vorgetragen werden. Dazu schreiben die Kinder Notizen und kurze Texte für den Vortrag auf. Hierbei kann die Formulierung auch schon als Aufgabe für den mündlichen Vortrag eingebunden werden.

Die Wörterschatzkiste bietet allen Kindern der Klasse die Möglichkeit, Wörter zu sammeln und zu nutzen, die ihre Geschichten abwechslungsreicher und spannender machen. Je nach Sprachstand der Kinder lässt sich das Wortmaterial in der Schatzkiste variieren.

Wörter und Sätze entdecken, die zum selbstständigen Verfassen eigener Texte genutzt werden können

30 Minuten

Schatzkisten aus Pappe oder Holz für jeden Schüler, Wortkarten in verschiedenen Farben

Durchführung:

- Bevor zu einem bestimmten Thema ein Text geschrieben wird, erstellt jedes Kind seine persönliche Wörterschatzkiste.
- Es werden Wörter notiert, die zum Verfassen eigener Texte hilfreich sind, z. B. Satzanfänge, Adjektive, feste Wendungen etc. Zusätzlich wird themenspezifischer Wortschatz in der Wörterschatzkiste gesammelt. Auch Wörter aus der Arbeit mit Wortfeldern können aufgenommen werden.
- Für verschiedene Kategorien sollten unterschiedlichen Kartenfarben verwendet werden. So werden zum Beispiel Satzanfänge auf gelbe, Adjektive auf grüne, themenspezifische Nomen auf blaue und Verben, die sich aus der Wortfeldarbeit ergeben, auf rote Karten geschrieben.
- Während der Textproduktionsphase können die Kinder dann auf die Wörter in ihrer Schatzkiste zurückgreifen und diese für ihre eigenen Geschichten nutzen.
- Ist ein Kind mit dem Inhalt seiner Wörterschatzkiste unzufrieden, kann es Wortkarten mit anderen Kindern tauschen bzw. abschreiben und ergänzen.

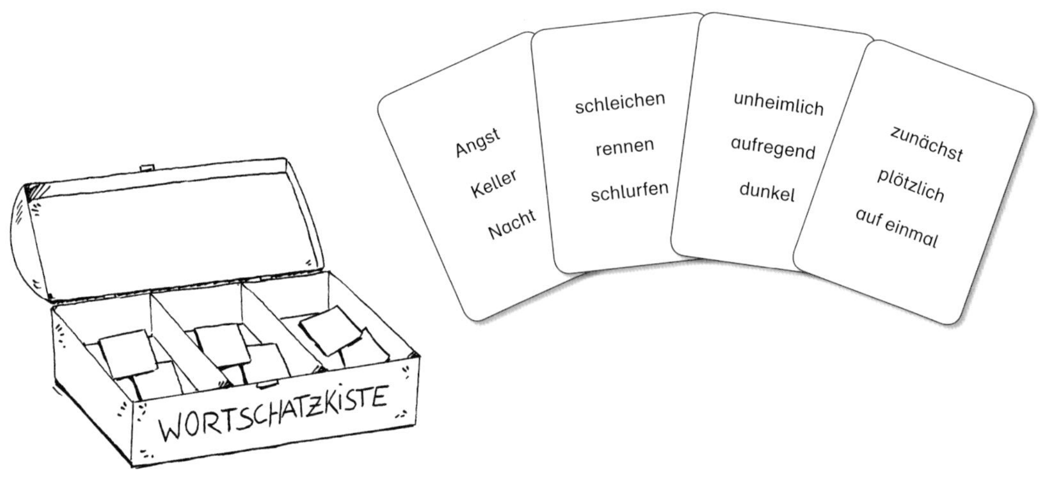

Aufgabenbeispiele:

- Zum Thema Angstgeschichten erarbeitet die Klasse gemeinsam Merkmale spannender Geschichten. Für zentrale Kriterien wie das Verwenden unterschiedlicher Satzanfänge, den Einsatz ausdrucksstarker Adjektive etc. wird Wortmaterial gesammelt.
- Wird ein Rezept verfasst, benötigen die Kinder v. a. für diese Textsorte spezifische Verben wie z. B. hinzugeben, verrühren, servieren etc.
- Für einen Unfallbericht, der sich in der 4. Klasse im Zusammenhang mit der Fahrradprüfung anbietet, sammeln die Kinder Wörter aus dem Themenbereich „Verkehr" wie z. B. der Zebrastreifen, die Vorfahrt, das Handzeichen, auffahren, abbremsen etc. In diesem Fall kann die Wörterschatzkiste fächerübergreifend zum Einsatz kommen.

Hinweise / Stolperstellen:

Als Wörterschatzkisten können entweder kleine Holzkisten aus dem Baumarkt oder Kisten aus Pappe aus einem Bastelgeschäft gekauft werden, man kann aber auch auf einen Schuhkarton zurückgreifen. Da die Schatzkisten im Unterricht oft zum Einsatz kommen, lohnt sich die einmalige Anschaffung einer wertigen Kiste, die von den Kindern in Kunst oder Werken / Textiles Gestalten gebastelt und gestaltet wird. Im Internet finden sich hierzu zahlreiche Bastelvorlagen.

Variation:

- Sprachanfänger können ggf. noch weiter durch Lückentexte unterstützt werden. Die Lücken können sie ergänzen, indem sie die entsprechenden Wörter aus ihrer Wörterschatzkiste suchen und einfügen.
- Die Wörterschatzkiste kann ständig verändert werden. Um einzelne Kategorien innerhalb der Wörterschatzkiste zu bilden, können zusätzlich Trennwände oder kleine Schachteln hinzugefügt werden. Die Kinder sortieren nun ihre Wörter themenspezifisch. Wortschatz wie die Satzanfänge verbleibt dauerhaft in der großen Wörterschatzkiste. Themenspezifisches Wortmaterial wie z. B. Wörter zum Thema „Rezept" werden in eine kleine Schachtel gelegt und diese außen entsprechend beschriftet.
- Mit zunehmender Eigenständigkeit der Schüler übernehmen diese selbst Verantwortung für den Inhalt ihrer Wörterschatzkiste. Wörter können nachgeschlagen, eigene Wortfelder erstellt und Kategorien für das Wortmaterial gefunden werden.

Im Lebensumfeld begegnet den Kindern überall Sprache, mündlich wie schriftlich. Durch bewusste Wahrnehmung können sie dies spielerisch und sportlich zum Lernen nutzen. Dabei erweitern alle Kinder, unabhängig von ihrem Sprachniveau, stetig ihren Wortschatz und entwickeln differenziertere Ausdrucksfähigkeiten.

 Sprachangebot im eigenen Lebensumfeld bewusst wahrnehmen und zum Lernen nutzen

 20 Minuten (als Hausaufgabe oder zur Nachbesprechung im Unterricht)

 individuelle Wörterliste (s. 1.5) oder ein kleines Wörterbüchlein für die Jackentasche; ein DIN-A3-Blatt zum Aufhängen an der Seitenwand / -tafel

Durchführung:

- Die Kinder bekommen die Hausaufgabe, interessante Wörter oder Sätze aufzuschreiben, die sie in einem bestimmten Kontext sehen, lesen oder hören.
- In der nächsten Stunde präsentieren die Kinder ihr Wortmaterial.
- Alle Kinder, die ein neues, unbekanntes Wort hören, schreiben es ebenfalls in ihre Wörterliste.
- Zum Schluss (oder am Ende der Woche) wird das seltenste, exotischste oder coolste Wort gewählt und an der Seitenwand / -tafel aufgehängt.

Aufgabenbeispiele:

- Die Lehrkraft gibt als Hausaufgabe, in der nächsten Stunde ein Wort mitzubringen, das die Kinder auf ihrem Schulweg entdeckt haben. Die mitgebrachten Wörter werden dann auf einem DIN-A3-Blatt auf der Seitentafel / -wand aufgeschrieben. Jedes Kind nennt sein mitgebrachtes Wort und sagt, wo es das Wort gefunden hat. Sie können auch erzählen, warum sie dieses Wort ausgesucht haben, was ihnen daran besonders interessant schien. Dadurch entsteht ein Austausch über Formatierung, Farbe und Wortbedeutungen.

- Zeitungen oder Reklameprospekte eignen sich sehr gut für die Wortschatzarbeit. Die Kinder tippen in mitgebrachten Zeitungen (Tageszeitungen, kostenlose lokale Wochenblätter, Reklameprospekte) mit geschlossenen Augen auf eine Stelle und lesen dann vor. Wenn sie das Wort nicht kennen, fragen sie ihre Mitschüler, die Lehrkraft oder sie nutzen Wörterbücher. Tippen die Schüler auf ein Bild, so benennen sie es – ggf. gemeinsam – und schreiben das entsprechende Wort auf.

Hinweise / Stolperstellen:

- Diese Methode ist eine echte Überraschungskiste. Bei den mitgebrachten Wörtern können Begriffe von Straßenschildern, Straßennamen oder Namen von Geschäften genauso vorkommen, wie Ausdrücke von Reklameplakaten oder aus Zeitungen. Es kann vorkommen, dass Kinder beleidigende Ausdrücke mitbringen, die groß auf Zeitungen der Boulevardpresse zu lesen sind. Auch mit diesem „Wortschatz" müssen die Kinder umzugehen lernen. Die Besprechung in der Klasse bietet eine sehr gute Möglichkeit, unpassende, beleidigende Ausdrücke als solche zu erkennen und den Umgang mit ihnen zu lernen.
- Es bietet sich an, diese Methode zu institutionalisieren, z. B. einmal in der Woche oder im Monat, am besten zu Beginn der Stunde.
- Die neuen Wörter können auch nur mündlich präsentiert und besprochen werden. Wenn sie aber auf einem DIN-A3-Blatt auf der Seitentafel notiert werden, können die Kinder sie noch bis zur neuen Wörterliste immer wieder lesen und wiederholen. Für DaZ-Kinder ist diese Art des In-Erinnerung-holens besonders wichtig.
- Für die Wortschatzarbeit von Erstklässlern und noch nicht lateinisch alphabetisierten DaZ-Kindern muss die Methode abgewandelt werden. Sie malen ein kleines Bild zu dem, was sie auf dem Schulweg an interessanten Dingen / Gebäuden sehen. Wird die Variante mit der Wörterjagd in Zeitungen, Prospekten umgesetzt, können Kinder in der Alphabetisierung zunächst auch nur einzelne Buchstaben abschreiben und diese benennen.

Variation:

- Durch eine Zeitangabe wird die Wörterjagd sportlicher, z. B. „Wie viele Wörter könnt ihr in der großen Pause erbeuten?"
- Für Schüler der vierten Klasse gibt es mit dem kostenlosen Programm auf http://www.wordle.net/ eine spannende Möglichkeit, mit den gesammelten Wörtern Wortbilder zu kreieren. Dafür einigt sich die Klasse vorher darüber, welche der gesammelten Wörter thematisch zusammenpassen. Daraus werden Wörterlisten zur Erstellung eines Wortbildes ins Programm eingegeben.

Durch die Zuordnung von Wörtern und Ausdrücken zu einer Wortkette werden Kategorien erkannt und Oberbegriffe kennengelernt. Bei dieser Wortschatzarbeit lernen alle Kinder – ausgehend von ihrem jeweiligen Sprachstand – Wortbedeutungen weiter zu differenzieren.

Wörter kategorisieren und Gemeinsamkeiten wie Unterschiede benennen können

10 Minuten bei vorbereiteten Wortketten, bis zu 40 Minuten bei Erweiterung auf eigene Herstellung und Begründung

Karteikarten, Schere

Durchführung:

- Die Lehrkraft bereitet Wortketten vor, in denen ein Wort nicht hineinpasst.
- Die Schüler lesen die Wortketten und benennen, welches Wort nicht dazu passt.
- Dann vergleichen sie ihre Ergebnisse. Je nach Sprachkenntnissen begründen sie ihre Wahl und finden den Oberbegriff.

Aufgabenbeispiele:

- Im Rahmen der Erarbeitung des Wortfelds „Möbel" bereitet die Lehrkraft Kärtchen mit Wortkarten vor, z. B. Tisch – Stuhl – Schrank – Auto – Bett. Die Kinder lesen (in Tandems oder Kleingruppen) die Wörter, prüfen, ob sie die Bedeutung verstehen, und entscheiden dann, welches Wort semantisch nicht in die Reihe passt (im Beispiel: „Auto"). Nun suchen sie den Oberbegriff für die vier anderen Wörter, indem sie besprechen, welche Gemeinsamkeiten die anderen vier Wörter haben. Wenn sie den Oberbegriff nicht kennen, fragen sie die Lehrkraft oder Mitschüler. Die DaM-Kinder erhalten von Beginn an den Auftrag, die Begründung, warum das Wort nicht passt, anzugeben.
- Neben der Festigung semantischer Aspekte kann diese Methode auch für den Grammatikunterricht, z. B. für das Erkennen verschiedener Wortarten, sehr gut genutzt werden. Auch Rechtschreibregeln könnten auf diese Weise gefestigt oder die phonologische Bewusstheit (z. B. Birne – Baum – Ball – Auto; s. 4.5) gestärkt werden.

Hinweise / Stolperstellen:

- Es sollte mit mindestens vier und maximal sechs Wörtern gearbeitet werden.
- Wenn DaZ-Kinder noch zu wenig Wortschatz haben, sollte man mit Abbildungen arbeiten und die Benennungen darunter schreiben lassen.
- Manche Kinder bevorzugen bei solchen Aufgaben die Einzelarbeit, weil sie sich dabei besser konzentrieren können. Die Lehrkraft sollte dies aufmerksam beobachten und diese Kinder nach der Bearbeitung wieder zum Austausch einbeziehen.

Variation:

- Für Erstklässler und noch nicht alphabetisierte (ältere) DaZ-Schüler eignen sich Bildkarten zum Erlernen der Methode.
- Als Steigerung der Schwierigkeit kann die Aufgabe gestellt werden, schriftlich zu begründen, warum etwas nicht passt. Wenn die Begründung erst mündlich formuliert und dann auch schriftlich festgehalten wird, üben die Schüler zugleich die Nebensatzkonstruktionen (Verbendstellung), passende Konjunktionen und Präpositionaladverbien (z. B. „..., weil man *damit* nicht kochen kann.").
- Wenn die Schüler bereits gut mit der Methode vertraut sind, werden sie selbstständig Aufgaben dieser Art entwerfen und neue Kategorien einbringen, die es zu erkennen gilt. DaM-Schüler können von vornherein die Aufgabe erhalten, sich ausgehend von den vorbereiteten Wortketten weitere Beispiele für ihre (DaZ-)Mitschüler auszudenken. Diese Aufgabe ist durchaus anspruchsvoll. Die Kinder kommen über differenziertere Wortbedeutungen in Austausch und entwickeln selbst knifflige Aufgaben.
- Daneben können Lehnwörter aus anderen Sprachen oder Neubildungen integriert werden.

Beispiel für Kopiervorlagen:

Inhaltliche Kategorien (3 Varianten anbieten: nur Bilder, Wörter und Bilder, nur Wörter):

Tasse – Teller – Gabel – Apfel – Messer

Apfel – Gurke – Orange – Birne – Banane

Heft – Stift – Buch – Taschentuch – Block

Grammatikalisches Phänomen Wortarten:

HUND – MAUS – KATZE – SINGEN – BAUM

LUSTIG – SPIELEN – INTERESSANT – SCHÖN – SPANNEND

FARBE – WEISS – BLAU – ROT – ORANGE

VERTRAULICH – VERSPRECHEN – VERMUTEN – VERTRAUEN – VERGESSEN

Durch die Auseinandersetzung mit ähnlichen Sprachstrukturen in Form eines Puzzles wird die Aufmerksamkeit der Kinder spielerisch auf Bedeutungsunterschiede und Korrektheit gelenkt. DaZ-Kinder erhalten durch die Orientierung an Bildern eine motivierende Hilfestellung und DaM-Kinder werden für metasprachliche Phänomene sensibilisiert.

Aufmerksamkeit auf inhaltliche und strukturelle Unterschiede richten; Teamgeist durch das gemeinsame Erarbeiten einer Lösung entwickeln

Zusammensetzung eines Puzzles: 10–15 Min.,
Erstellung eines Puzzles: 60–90 Min.

Bilder (Zeitschriften), Pappe, Schere

Durchführung:

- Puzzleteile werden hergestellt, indem ein Bild auf die Rückseite der nummerierten Vorlage geklebt wird. Danach werden sie entlang der Linien zerschnitten.
- Jeweils zwei bis drei Schüler erhalten je ein Set Puzzleteile und legen sie mit der Bildseite nach unten aus.
- Danach erhalten Sie ein Blatt mit Übungsitems und nummerierten Antworten / Lösungen.
- Sie lösen der Reihe nach die Übungsitems, indem sie eine Antwort / Lösung auswählen und das entsprechend nummerierte Puzzleteil mit der Bildseite nach oben auf das Blatt legen.
- Durch das Zusammensetzen des Bildes können die Schüler die Korrektheit ihrer Lösungen selbst überprüfen.

Aufgabenbeispiele:

- Die Übungsitems im folgenden Beispiel eignen sich für die 3. bis 4. Klasse und fokussieren auf inhaltliche, lexikalische, grammatische und orthographische Aspekte. Genauso wie die Anzahl der Spalten variiert werden kann, kann der Schwerpunkt auf einzelne Aspekte gelegt werden (ausschließlich inhaltlich oder orthographisch etc.).
- Die zu wählenden Lösungen können sich auch hinsichtlich ihres Registers unterscheiden, sodass DaZ- und auch DaM-Schüler der 2. Klasse üben, die richtige charakteristische Redeweise für bestimmte Kommunikationssituationen zu wählen. Beispielfrage:

Was sagst du, wenn du deine Lehrerin bittest, dir die Schuhe zu binden?

„Hier!“	*3*
„Bind mir ’ne Schleife!“	*13*
„Kannst du mir helfen?“	*5*
„Könnten Sie mir bitte die Schule binden?“	*1*

Hinweise / Stolperstellen:

- Bei Fehlern merken die Kinder schnell, dass sie die falsche Lösung gewählt haben, und können sich selbst korrigieren. Bei Schwierigkeiten dürfen sie „mogeln" und erhalten durch das Bild eine Hilfestellung.
- Die Schüler können die Puzzleteile auch selbst erstellen. (Z. B. können DaM-Schüler für ihre DaZ-Mitschüler ein Puzzle entwerfen und so ihre metasprachlichen Fertigkeiten weiter ausbauen.) Dabei brauchen sie bei der Nummerierung der Lösungen Unterstützung. Außerdem muss ihnen bei der Erstellung der Aufgaben der Fokus der Übungsitems klar gemacht werden: Worauf soll die Aufmerksamkeit ihrer Mitschüler gerichtet werden? Inhalt? Rechtschreibung?

Variation:

- Die Zahl der Lösungsvorschläge kann variiert werden, ebenso können Richtig / falsch-Formate angeboten werden. Anstelle von Zahlen kann mit Buchstaben, Farben oder Mustern gearbeitet werden. Die Rechtecke können durch andere Formen ersetzt werden, die Bilder durch Comics oder Texte, die auf die Bildseite geklebt werden.
- Wird ein Fokus auf fachliche Inhalte gewünscht, kann die Methode auch im Sachunterricht z. B. zur Auseinandersetzung mit fachsprachlichen Termini oder als individuelle Lernzielkontrolle genutzt werden.

Beispiel für eine Bildvorlage:

Beispiel für eine nummerierte Vorlage:

2	4	6	16
13	8	12	7
1	11	15	9
10	14	5	3

Beispiel für eine Vorlage mit Übungsitems:

Rotkäppchen ist ________________. eine Märchenfigur 2 ein Comic 6 ein Getränk 7	Rotkäppchen ________ die Oma besuchen. kann 11 möchte 4 muss 8	Rotkäppchen trägt __________. ein rotes Umhang 10 eine rote Umhang 5 einen roten Umhang 6	Es __________ Blumen. pflükt 9 pflückt 16 plüfkt 5
Im Wald begegnet Rotkäppchen ___________. dem Fuchs 12 dem Wolf 13 dem Hasen 3	Der Wolf schleicht _____ Wald herum. zum 5 beim 3 im 8	Kinder schmecken _______ am besten. er 3 ihm 12 ihn 6	Als er satt ist, ________ er ein. schlähft 1 schleft 2 schläft 7
Rotkäppchens Oma ________________. macht eine Reise 11 ist tierfreundlich 10 liegt krank im Bett 1	Sie ist _____ sehr alt und gebrechlich. noch 12 schon 11 nicht mehr 14	_____________, fragt sie: „Wer ist da?“ Klopft es 9 Als klopft es 3 Als es klopft 15	Der Wolf verstellt sich und sie _______ ihn ein. lässt 9 läßt 12 läst 14
Am Ende des Märchens tritt _____ ein Jäger auf. Leider 2 Überraschenderweise 4 zum Glück 10	Der Jäger ist ein _______ Mann. böser und hässlicher 2 mutiger und guter 14 feiger und kleiner 12	Nachdem der Wolf sie __, rettet sie der Jäger. frisst 15 gefressen hat 5 gefresst hat 9	___ sie nicht gestorben sind, ___ leben sie noch heute. Und wen … dann 1 Und wenn … dann 3 Und wen … dan 12

Beim Zeichnen nach mündlicher Beschreibung werden Wörter gelernt, auf anderen Bildern wiedererkannt und benannt. Alle Kinder trainieren ihre Hörstrategien und erproben sich in der Moderation des Spiels.

 Hörstrategien gezielt einsetzen; Feinmotorik und Kreativität festigen

 20 Minuten

 weißes DIN-A4-Papier, Stifte, Musik

Durchführung:

- Die Schüler sitzen im Stuhlkreis. Die Lehrkraft beschreibt ein Bild genau. Die Kinder zeichnen mit.
- Alle stehen auf, drehen ihren Stuhl so, dass die Sitzfläche nach außen zeigt, und legen ihr fertiges Bild auf die Sitzfläche des Stuhles.
- Mit Musikstart gehen die Kinder um den Stuhlkreis herum. Bei Musikstopp bleibt jedes Kind vor einem Stuhl stehen.
- Die Lehrkraft nennt nun Gegenstände, die auf dem Bild sein sollten. Jedes Kind zeigt auf dem Bild, das gerade vor ihm liegt, auf den entsprechenden Gegenstand.
- Dieser Vorgang wird einige Male wiederholt.

Aufgabenbeispiele:

- Das Thema „Obst und Gemüse" wird im Unterricht behandelt. Die Kinder handeln zunächst mit den Realien und lernen die Wörter kennen. Auch werden diese nach den Obergegriffen kategorisiert. Zur Übung der neuen Wörter „diktiert" die Lehrkraft Wörter, die die Kinder zeichnen.
- Mit dieser Methode lässt sich der Deutschunterricht gut mit anderen Fächern verbinden. So kann der Fachwortschatz zu den Flächenformen mit einem „Diktat" zu Wassily Kandinskys Bildern geübt werden.

Hinweise / Stolperstellen:

In dem Moment, in dem die Kinder die erlernten Wörter auf den Bildern zeigen sollen, ist es sinnvoll immer wieder zu unterbrechen und die Kinder verbalisieren zu lassen, wo sich der Gegenstand befindet oder wie viele Dinge sie sehen. Dabei werden auch wichtige Begriffe wie „rechts, links, oben, unten" angewendet, die in unterschiedlichen Situationen immer wieder von Bedeutung sind.

Variation:

Die Methode kann auch in der Kleingruppe durchgeführt werden. In diesem Fall beschreibt oder erfindet ein Kind ein Bild und lässt dieses von den anderen zeichnen.

Eine unvollständige Vorlage dient als Muster zur Erfüllung eines Schreibauftrages. Durch die Vorlage werden für schreibungewohnte (DaZ-)Kinder Prozesse der Textproduktion entlastet und die Aufmerksamkeit auf neue Textmuster gelenkt.

Texte rekonstruieren können; Feinmotorik und Arbeitsgedächtnis trainieren

20–30 Minuten, Vorbereitung der Texte: 60 Minuten

Linierte Arbeitsblätter mit Illustration und (mit Füller) handgeschriebenem Text in zweifacher Ausführung, Zitronensaft, Tintenkiller oder Wasser
Bei Bedarf: Ordner (oder Wörterschatzkiste, s. 2.3) mit Beispielen verschiedener Textsorten sowie Anleitungen, Tipps und Bewertungsbögen

Durchführung:

- Beim Ausführen eines Schreibauftrages, der für alle Schüler gilt, dürfen schreibungewohnte (DaZ-)Schüler unter einer Auswahl von bereits fertigen Texten (Zweitkopien separat aufbewahren) einen auswählen, sollen ihre Wahl dabei aber begründen. Dafür müssen sie den Text zumindest global verstanden haben oder durch eine Illustration aktiviert worden sein.
- Im Anschluss sollen sie ihn zu zweit durchlesen und Unverstandenes bei Bedarf mithilfe der Lehrkraft oder anderer Schüler klären.
- Danach bespritzen die Schüler den Text leicht mit Zitronensaft, wodurch einzelne Buchstaben oder Wörter verschwinden.
- Nun schreiben die Schüler den Text ab.
- Der abgeschriebene Text wird mit dem Original verglichen.

Aufgabenbeispiele:

- Schatzkarte – 1. Klasse
- Geburtstagseinladung – 2. Klasse
- Kochrezept – 3. Klasse
- Bericht – 4. Klasse

Hinweise / Stolperstellen:

- Die schreibungewohnten (DaZ-)Schüler sollen den Text nicht einfach mechanisch abmalen, sondern auch verstanden haben. U. U. brauchen sie dafür die Unterstützung durch einen lesekompetenteren Mitschüler. Alternativ können sie mit Kärtchen mit Lesestrategien arbeiten.
- Sehr wichtig ist auch, dass solche Übungen von DaZ-Schülern nicht als segregierende Maßnahmen empfunden werden. In einer integrierenden Unterrichtssequenz sollen sie als Hilfestellung dienen und DaZ-Schüler dabei unterstützen, vergleichbare Texte wie ihre Mitschüler zu produzieren.
- Daneben werden mit der kollaborativen Wiederherstellung eines z. T. unleserlichen Textes authentische Strategien eingesetzt, denn im Alltag kommt es häufig vor, dass man abgenutzte, fleckige Vorlagen entziffern muss oder (z. B. ein Rezept der Großmutter für Freunde) abschreibt.

Variation:

- Die Methode eignet sich für alle Gebrauchstexte, die stark abgenutzt und verschmutzt sein können: Fahrpläne, Landkarten, Wegbeschreibungen, Notrufzettel, Einkaufslisten, Elternbriefe etc.
- Bei noch nicht vollständig alphabetisierten Schülern können kürzere Texte mit Passagen in halbtransparenter (oder gepunkteter) Schrift als Vorlage dienen.
- DaZ-Schüler können auch aufgefordert werden, Rezepte in ihrer Erstsprache mitzubringen (evtl. in anderen Schriftsystemen verfasst). Nachdem sie sie für ihre Mitschüler übersetzt haben, können diese sie dann auf Deutsch aufschreiben oder versuchen, sie in der Originalversion abzuschreiben.

3.3 Angelspiel

Im Spiel üben alle Kinder gemeinsam die fokussierte Aussprache und experimentieren mit Betonung, gestischer und mimischer Begleitung. DaZ-Kinder können die Lernsituation besonders bereichern, indem sie Wörter in anderen Sprachen einbringen.

Wörter in Sprechsilben segmentieren; Phonologisches Bewusstsein festigen; soziales Miteinander durch selbstständiges Arbeiten in der Kleingruppe mit Selbstkontrolle erfahren

10–20 Minuten

Angelspiel, Bildkarten je nach Wortschatz, Büroklammern, Körbchen mit Silbenbögen

Durchführung:

- Das Angelspiel steht in der Mitte eines Gruppentisches. Die mit Büroklammern versehenen Bildkarten liegen im Angelbecken und jedes Kind bekommt eine Angel. Es wird im Uhrzeigersinn gespielt.
- Jedes Kind angelt eine Bildkarte und benennt diese.
- Dann klatscht es das Wort in Silben und legt es in das Körbchen mit der entsprechenden Anzahl an Silbenbögen.
- Auf der Rückseite der Bildkarte befindet sich die Möglichkeit zur Selbstkontrolle.

J. Roche/E. Terrasi-Haufe/K. Gietl/M. Simic: 33 Methoden: DaZ im Deutschunterricht

Aufgabenbeispiele:

- Im Unterricht wird zum Thema „Auf dem Bauernhof" das Bilderbuch „Die kleine Spinne spinnt und schweigt" von Eric Carle behandelt. Die Lehrkraft liest und bespricht das Buch zunächst gemeinsam mit den Kindern. In einer Übungsphase setzen sich die Kinder selbstständig an Stationen mit dem Inhalt des Buches auseinander. An der Angelstation wird der Wortschatz intensiv geübt.
- Das Angelspiel kann sowohl zur Wortschatzvorentlastung als auch in jeder Übungsphase zum Einsatz kommen. Der Wortschatz wird je nach Unterrichtsinhalt angepasst. Besonders lernförderlich ist es, wenn ein individueller Klassenwortschatz entwickelt und somit auch der Wortschatz der Kinder aufgegriffen und ins Spiel integriert wird (s. 1.5 Individuelle Wörterliste und 2.3 Wörterschatzkiste).

Hinweise / Stolperstellen:

- Das Angelspiel kann von allen Kindern der Klasse gemeinsam gespielt werden. DaZ-Kinder können die Lernsituation bereichern, indem sie Wörter in anderen Sprachen einbringen, gut eignen sich auch dialektale Varianten. Gegebenenfalls fallen den Kindern auch Unterschiede in der Lautstruktur der Wörter auf. Es sollte im Unterricht in jedem Fall Raum für derartige metasprachliche Kommunikation gelassen werden.
- Als Möglichkeit zur inneren Differenzierung für sprachlich heterogene Lerngruppen können fortgeschrittene Leser auch Wörter statt Bilder angeln, diese erlesen, klatschen und in das entsprechende Silbenkörbchen legen.
- Ein Spiel mit magnetischen Angeln lässt sich auf jedem Flohmarkt für wenig Geld erstehen.

Variation:

- Die Bildkarten mit dem aktuellem Wortschatz sowie der Möglichkeit zur Selbstkontrolle auf der Rückseite können vielfältig weiter im Unterricht eingesetzt werden.
- Um die Übung mit Bewegung zu verbinden, werden Reifen auf den Boden gelegt. Jeder Reifen repräsentiert eine Silbe und die Kinder hüpfen die Anzahl der Silben im Wort. Anschließend wird kontrolliert.
- Es können auch ganze Sätze überdeutlich artikuliert und aufgenommen werden, z. B. als Nachrichtentexte oder Werbeslogans.

Aus eigenem Bild- und Wortmaterial erfinden, erzählen und schreiben die Kinder unabhängig ihres Sprachstands Geschichten.

eigene Geschichten erfinden und kreative Texte verfassen

20–40 Minuten

Karteikarten, Stifte, Schreibblock bzw. Schmuckblätter

Durchführung:

- Zu einem Thema werden Wörter gesammelt und diese auf Karteikarten geschrieben. Kinder, die noch nicht alphabetisiert sind, können die Wörter zeichnen. Es entsteht eine Wörtersammlung.
- Die Kinder ziehen nun eine bestimmte Anzahl an Karteikarten (z. B. fünf Stück) aus der Sammlung und erfinden Geschichten, in denen diese Wörter vorkommen.
- Sie schreiben die Geschichten auf oder, bei noch nicht alphabetisierten Kindern, malen ein Bild, zu dem sie ihre Geschichte erzählen.

Aufgabenbeispiele:

- Die Klasse interessiert sich für Gruselgeschichten. Es wurden schon einige Geschichten erzählt oder gelesen. Nun werden Wörter zu diesem Thema gesammelt und auf Karteikarten geschrieben z. B. Gespenst, Mitternacht, Glockenturm, Keller, dunkel. Es entsteht eine Wörtersammlung, die den Kindern nun als Grundlage für ihre Geschichten zur Verfügung steht. Die Kinder ziehen Karteikarten und schreiben ihre individuelle Geschichte. Die Anzahl der Karteikarten kann je nach Sprachstand der Kinder variiert werden. Die Geschichte wird nach der Schreibphase im Sitzkreis präsentiert.
- Die Methode eignet sich auch sehr gut, um Märchen aus aller Welt im Unterricht zu behandeln.

Hinweise / Stolperstellen:

Beim Verfassen von Texten kann es sinnvoll sein, DaZ-Kindern noch zusätzlich lexikalisches und syntaktisches Material zur Verfügung zu stellen. In einer Wörterschatzkiste (s. 2.3) könnten sich passende Adjektive, Satzanfänge, Satzmuster oder Textmuster (s. 3.1 Fettfleck) befinden, die in der Textproduktionsphase verwendet werden dürfen. In diesen Phasen ist es wichtig, dass besonders die DaZ-Kinder über weitere Strategien wie zum Beispiel den Umgang mit dem Wörterbuch verfügen.

Variation:

- Es kann sowohl in Einzel-, Partner- oder Gruppenarbeit erzählt oder geschrieben werden. Aus der freien Wahl der Sozialform ergibt sich die innere Differenzierung. Es kann auch auf Helfersysteme in der Klasse zurückgegriffen werden, sodass sich die Kinder gegenseitig beim Schreiben unterstützen.
- Sind die Kinder noch nicht alphabetisiert, können die Geschichten nicht nur erzählt, sondern auch mithilfe eines Aufnahmegerätes festgehalten und so präsentiert werden (s. 6.3 Ton ab).
- Eine weitere Möglichkeit ist es, gemeinsam eine Klassengeschichte zu erzählen. Jedes Kind zieht eine Karteikarte und erzählt die Geschichte ein kleines Stück weiter, sodass am Ende eine ganze Geschichte entsteht, die auch aufgeschrieben oder aufgenommen werden kann.
- Die Geschichten können zur szenischen Umsetzung genutzt werden.
- Sollten Tablets zur Verfügung stehen, kann diese Methode auch mit der App „Rory's Story Cubes®" angewendet werden. Sie kann im Apple Shop und auf Google Play erworben werden. Es erscheinen Würfel mit verschiedenen Bildern. Die Kinder „würfeln", sortieren und erfinden eigene Geschichten zu den Bildern.

Die Kinder formulieren selbstständig einfache Aufträge, überprüfen gegenseitig beim Ausführen die Aufgabenstellung und optimieren die Anweisung.

sich mit Wortschatz zu Aufgaben / Anweisungen im schulischen Umfeld vertraut machen und das angemessene Formulieren üben

30–40 Minuten

Karteikarten, Stifte

Durchführung:

- Die Kinder überlegen sich einfache und sinnvolle Arbeitsanweisungen / Aufträge, die man im Klassenzimmer ausführen kann (z. B. „Nimm den Schwamm und lege ihn auf das Fensterbrett."), und schreiben diese auf Kärtchen.
- Sie suchen sich einen Tandempartner, tauschen die Aufgabenkärtchen und führen die Arbeitsanweisungen nacheinander aus.
- Der „Auftraggeber" beobachtet genau, wie sein Auftrag ausgeführt wird.
- Wird der Auftrag nach Ansicht des „Auftraggebers" nicht richtig ausgeführt, überlegen beide Kinder gemeinsam, ob es an der Aufgabenstellung lag und wie man den Auftrag genauer formulieren muss.
- Gemeinsam optimieren sie die Anweisung und bewahren beide Versionen für die spätere Reflexion auf (z. B. im Lerngespräch, s. 6.4).

Hinweise / Stolperstellen:

- Für DaZ-Kinder, ist diese Methode eine gute Unterstützung, um den Alltagswortschatz für den Schulalltag zu erwerben. Für DaM-Kinder oder fortgeschrittenere DaZ-Lerner sollte die Aufgabe schwieriger gestaltet sein, z. B. dein Auftrag muss mindestens 10 / 12 Wörter lang sein.
- Gegebenenfalls ist es sinnvoll, die DaZ-Kinder zunächst ein bis zwei Aufträge verstehen und ausführen zu lassen, bevor sie dann selbst Aufträge formulieren.
- Wörterbücher / Grundwortschatz mit Abbildungen sollten für neue DaZ-Schüler zur Verfügung stehen.
- Die Lehrkraft sollte darauf hinweisen, dass nur faire Aufgaben formuliert werden, die keinen Schaden für die Mitschüler nach sich ziehen.

Variation:

- Die Aufträge können auch in anderen Schulräumen oder im Pausenhof ausgeführt werden. Dabei wird der Wortschatz je nach Raum oder Unterrichtsfach erweitert.
- Es können auch Bewertungsblätter vorbereitet werden, auf denen 1 bis 3 Punkte vergeben werden, z. B. „nicht richtig ausgeführt", „ziemlich gut ausgeführt", „perfekt ausgeführt". Die Bewertung kann auch auf eine Skala von 1 bis 5 Punkten ausgeweitet werden. Diese Erweiterung ist aber erst sinnvoll, wenn die Aufträge detaillierter sind, d. h. mehr zu verarbeitende Informationen enthalten. Bei dieser Bewertung kommen die Kinder untereinander in Austausch, ob die Aufgabe genau genug formuliert wurde. Die Lehrkraft begleitet diesen Austausch, je nach Bedarf vermittelnd und nach Sprachstand der Schüler mit Tipps zum Formulieren.

Beispiel für einen Bewertungsbogen:

BEWERTUNGSBOGEN GUT GEMACHT! So gut hast du die Aufgabe ausgeführt:		Bitte ankreuzen
Aufgabe 1:	* „nicht richtig ausgeführt"	☐
	„ziemlich gut ausgeführt"	☐
	„perfekt ausgeführt"	☐
Aufgabe 2:	* „nicht richtig ausgeführt"	☐
	„ziemlich gut ausgeführt"	☐
	„perfekt ausgeführt"	☐

Das gemeinsame Spiel motiviert die Kinder zur Auseinandersetzung mit Wortmaterial. DaM-Kinder können als Sprachvorbilder agieren und eine genaue Aussprache trainieren, während DaZ-Kinder ihren Wortschatz aktiv erweitern.

 Wortschatz und Satzstrukturen festigen

 20 Minuten

 Fliegenklatschen, Bildkarten, evtl. Wortkarten

Durchführung:

- Im Rahmen einer Gruppenarbeit oder als Angebot bei einem Stationentraining, sitzen 5 Kinder in einem Kreis. In der Mitte liegen unterschiedliche Bildkarten.
- Ein Kind beschreibt nun einen Gegenstand, der auf einem der Bilder abgebildet ist, möglichst genau.
- Auf ein Signal hin dürfen alle Kinder mit ihrer Fliegenklatsche auf das beschriebene Bild schlagen.
- Jedes Kind das auf das richtige Bild geschlagen hat, bekommt einen Punkt.
- Nun wird ein neuer Gegenstand beschrieben.
- Das Kind, das am Ende die meisten Punkte gesammelt hat, ist der Sieger.

Aufgabenbeispiel:

Dieses Spiel kann zu jedem beliebigen Wortschatzthema oder zur Übung von Satzmustern und grammatischen Phänomenen genutzt werden.
In einem Projekt beschäftigen sich die Kinder zum Beispiel mit dem Thema „Kleidung". Im Deutschunterricht werden Kleidungsstücke beschriftet und Personen genau beschrieben. Hierbei kann der Focus neben den Nomen auch auf die Farbadjektive gelegt werden. So lernen die Kinder Satzkonstruktionen wie: „Der Clown trägt eine blaue Hose. Meine Freundin hat einen grünen Pullover an. Ich sehe ein rotes Hemd." Beim Fliegenklatschenspiel üben die Kinder in der Kleingruppe genau zu sprechen und zuzuhören. Spannend wird es, wenn z. B. eine rote und eine blaue Hose abgebildet sind. Die Kinder müssen nun genau beschreiben und die erlernte Satzkonstruktion anwenden: „Ich sehe eine blaue Hose." Die anderen Kinder suchen nun mit den Augen das richtige Bild und schlagen dann nach einem vereinbarten Signal auf die entsprechende Bildkarte. Die Punkte werden notiert und es wird neu beschrieben.

Hinweise / Stolperstellen:

- In jedem Fall müssen vor dem Spiel einige Regeln besprochen werden. So ist die wichtigste Regel, dass mit der Fliegenklatsche ausschließlich auf die Bildkarten geschlagen wird.
- Es erweist sich auch als sinnvoll, die Kinder zu bitten, ihre Fliegenklatschen nach oben zu halten, während ein Gegenstand beschrieben wird und erst nach dem Signal des Spielleiters auf das entsprechende Bild zu schlagen. Es können akustische oder visuelle Signale verwendet werden.
- Es bietet sich an, als Spielleiter zunächst ein sprachlich sicheres DaM-Kind auszuwählen. Dieses ist für alle anderen Kinder ein Sprachvorbild und formuliert korrekte Sätze. In einem weiteren Durchgang können auch andere Kinder die Spielleitung übernehmen. Sprachlich noch sehr unsichere Kinder können durch vorgegebene Satzmuster auf Wortkarten und die Artikelfarben auf den Bildkarten unterstützt werden.

Variation:

- Statt Bildkarten können auch Wortkarten erstellt werden und das Spiel als Lesefertigkeitsübung zum Einsatz kommen. Die Aufgabe der Kinder ist es nun, die Wörter schnell zu erlesen.
- Silbenbögen auf den Wortkarten erleichtern Erstlesern und DaZ-Lernern das schnelle Lesen.

Durch diese Methode lernen Kinder lautliche und schriftliche Korrespondenzen erkennen, indem sie sich mit Wörtern mit Doppelkonsonanten und Doppelvokalen beschäftigen. DaM-Kinder festigen ihre Rechtschreibkenntnisse und unterstützen mit dem Vorsprechen ihre DaZ-Mitschüler.

 Zusammenhang zwischen Rechtschreibregeln und Aussprache entdecken

 20–30 Minuten

 Zeitungen, Kinderliteratur, Schulbuchtexte, Grundwortschatz

Durchführung:

- Die Lehrkraft schreibt einige Wörter mit Doppelkonsonanten und Doppelvokalen an die Tafel und markiert die besondere Schreibweise. Außerdem legt sie verschiedene Zeitschriften (kostenlose Wochenanzeiger, Prospekte), den Grundwortschatz, Gedichte etc. bereit.
- Die Kinder suchen in den mitgebrachten Texten nach Wörtern mit Doppelkonsonanten und markieren sie.
- Nach 5 (–10) Minuten schreiben sie die gefundenen Wörter auf.
- DaZ-Kinder bitten ihre DaM-Mitschüler, jedes Wort laut vorzulesen.
- Sie hören genau hin und sprechen die Wörter nach.
- Dann schreiben sie die Wörter in ihre Wörterliste (vgl. 1.5 Individuelle Wörterliste) und markieren die Schreibweise.

Aufgabenbeispiel:

Die Kinder bekommen die Aufgabe, aus mitgebrachten Zeitschriften und Prospekten nach Wörtern zu suchen, die mit Doppelkonsonanten oder Doppelvokalen geschrieben sind. Auf ein Signal hin beenden sie die Suche und schreiben die markierten Wörter auf ein Blatt. Die DaM-Schüler erarbeiten in der gleichen Zeit naturgemäß mehr Wörter mit Doppelkonsonanten und Doppelvokalen als ihre DaZ-Mitschüler, durch das genaue Vorsprechen werden sie nun aber auch auf die Aussprachebesonderheit aufmerksamer. Die DaZ-Kinder sprechen die Wörter nach, bis sie sicher sind, sie möglichst genauso auszusprechen. Im Anschluss schreiben sie diese Wörter in ihre Wörterliste.

Hinweise / Stolperstellen:

- Für DaZ-Kinder sind die Rechtschreibregeln, die mit der Vokallänge zu tun haben, von besonderer Bedeutung, da nicht in allen Sprachen kurze und lange Vokale unterschieden werden und sie lernen müssen, genau hinzuhören. Je nach Familiensprache wird es manchen Lernern schwer fallen, die Unterschiede in der Vokallänge zu hören. Dies wirkt sich auf die korrekte Schreibweise aus.
- Bei der Auswahl der Textquellen, in denen die Kinder suchen sollen, kommt es nicht so sehr darauf an, ob die Kinder die Texte und Textarten schon kennen, sondern vielmehr auf die Vielfalt und die Zugänglichkeit der Materialien. Kostenlose Wochenanzeiger oder Prospekte sind allen Kindern zugänglich und bieten eine große Vielfalt an Wortschatz, aus dem die Kinder nach bestimmten Wörtern suchen können. Bei dieser Methode geht es darum, möglichst viele Wörter mit Doppelkonsonant oder Doppelvokal zu finden und nicht um eine ganzheitliche Erfassung des Textes. V. a. die DaZ-Kinder sollen angeregt werden, die ihnen alltäglich verfügbaren Sprachquellen zum Sprachlernen zu nutzen.

Variation:

- Diese Methode ist auf weitere Rechtschreibregeln oder die Suche nach bestimmten Wortarten übertragbar.
- Die Sensibilisierung für die Aussprache und Schreibweise von Wörtern mit Doppelkonsonanten kann auch über Hörmedien unterstützt werden. So können die Kinder in Einzelarbeit oder in Tandems nach solchen Wörtern in einer Hörgeschichte oder mit Programmen zu Ausspracheübungen am PC suchen (z. B. unter http: // www.deutscheaussprache.com /). Dort haben sie die Möglichkeit, immer wieder zurückzuspulen.
- Die gesammelten Wörter können auch auf einem großen Plakat aufgeschrieben werden. Dann einigen sich die Schüler auf zwei Farben, mit denen sie die Wörter anmalen, unterstreichen oder nachfahren möchten, z. B. Gelb für die Wörter mit Doppelkonsonanten und Grün für die Wörter mit Doppelvokalen.
- Auch als hörbare Pantomime kann die Methode umgesetzt werden: Die vorhandenen Wörter werden pantomimisch gespielt und dabei in besonderer, auch übertriebener Weise ausgesprochen. Hieraus kann auch ein kleiner Wettbewerb von zwei oder mehr Kindergruppen entstehen.

Mit den Klappkarten lassen sich leicht alle möglichen Sprachquiz durchführen. Alle Kinder werden so für die Bedeutung von Sprache sensibilisiert und erlernen Fachwortschatz spielerisch.

 Wortschatz und genaues Lesen üben

 10–20 Minuten

 Tonpapier DIN A4, Bildkarten, evtl. Wortkarten bzw. Textstreifen

Durchführung:

- Das Tonpapier wird quer in der Mitte geknickt, sodass es steht wie ein Dach.
- Auf die eine Seite wird eine Bildkarte, auf die andere das entsprechende Wort geklebt.
- In Partnerarbeit können die Kinder nun Wortschatz üben. Ein Kind benennt das Bild, während das andere liest und kontrolliert.

Aufgabenbeispiele:

- Die Schüler verfassen im Deutschunterricht einen Unfallbericht. Dieses Thema eignet sich v. a. zum Zeitpunkt der Fahrradprüfung. Dabei bedarf es eines ausgewählten Wortschatzes. In der Planungsphase ihrer Texte üben die Kinder in Partnerarbeit zentrale Begriffe wie z. B. der Fahrradfahrer, der LKW, der Zebrastreifen, die Ampel, die Kreuzung. Ein Kind benennt das Bild, der Partner liest und kontrolliert genau.

- Grammatische Phänomene wie etwa die Tempusformen der Verben können auch auf diese Weise geübt werden. Partner A sieht den Infinitiv (singen) eines Verbs und die Anweisung, diesen z. B. in die 1. Person Perfekt zu setzen. Partner B korrigiert anhand der Lösung (ich habe gesungen) auf der Klappkarte, ob die gebildete Form stimmt.
- Als Form des Lesetrainings klebt ein kurzer Text auf beiden Seiten der Klappkarte. Die Kinder lesen im Wechsel vor und korrigieren sich gegenseitig.

Hinweise / Stolperstellen:

- Bei der Gestaltung der Klappkarten kann auf einige Dinge geachtet werden, um den Kindern das selbstständige Üben zu erleichtern. Zum Beispiel sollten bei Nomen die Artikel dazu angegeben werden. Silbenbögen unter den Wörtern erleichtern darüber hinaus das Erlesen der Wörter.
- Besonders für DaM-Kinder kann die Übung durch das Schreiben der Wörter erweitert werden. So üben sie neben der Wortbedeutung auch die korrekte Rechtschreibung. DaZ-Kinder können dies mithilfe des Wortes auf der Klappkarte kontrollieren. Das schafft Erfolgserlebnisse für alle Kinder.
- Wird mit Texten gearbeitet, bietet es sich an, diese nach Absätzen zu gliedern und Zeilen anzugeben. So können sich die Kinder leichter darüber verständigen, an welcher Textstelle sie sich befinden. Auch können Beleglesen und das Beantworten von Fragen zum Text so angebahnt werden.

Variation:

Hat sich das Prinzip der Klappkarten einmal in der Klasse etabliert, können die Kinder eigene Karten erstellen. Dem Einfallsreichtum, was deren Gestaltung und die Einsatzmöglichkeiten im Unterricht betrifft, sind keine Grenzen gesetzt.

Jeder kann seine Ergebnisse unabhängig von seinem Sprachstand präsentieren und Anerkennung von seinen Mitschülern erlangen.

Arbeitsergebnisse effizient präsentieren

10 Minuten

Ergebnisse aus der Durchführungsphase

Durchführung:

- Nach einer Arbeitsphase präsentieren die Kinder ihre Ergebnisse auf ihrer Bank, in der Mitte des Gruppentisches oder an einer anderen gut zugänglichen Stelle im Klassenzimmer.
- Jedes Kind bewegt sich nun frei im Klassenzimmer und sieht sich die Ergebnisse der anderen Kinder an.
- Während des Rundgangs tauschen sich die Kinder nicht aus. Jeder bewegt sich ganz leise im Raum und sammelt Eindrücke.
- Auf ein Signal hin, setzen sich die Kinder wieder auf ihre Plätze und die Phase des Austausches beginnt. Diese erfolgt im Plenum.
- Es bietet sich an, dem Austausch eine Struktur zu geben. Zunächst wird Lob ausgesprochen, dann werden Fragen an andere Kinder gestellt und zuletzt Tipps zur Verbesserung gegeben.

Aufgabenbeispiel:

Die Kinder erarbeiten in Kleingruppen Buchtipps, indem sie ein Plakat zu einem ihrer Lieblingsbücher gestalten. Darauf kleben, schreiben und malen sie alle Informationen, die ihnen bedeutsam erscheinen (z. B. interessante Details zum Autor, witzige Zitate aus dem Buch, Illustrationen zu einzelnen Kapiteln). Auch Bücher in anderen Sprachen oder mehrsprachige Bücher sollten berücksichtigt werden.

Variation:

Im Schulalltag lassen sich immer wieder Ergebnisse präsentieren z. B. für den Besuch der Patenklasse, für eine Ausstellung für die Eltern oder als Abschluss eines Projektes. In all diesen Situationen bietet die Methode des Rundgangs die Chance, dass sich alle Besucher zunächst einen Eindruck verschaffen können, bevor sie in den Austausch mit den präsentierenden Kindern gehen. Von Vorteil ist, dass auch DaZ-Kinder (und -Eltern), die noch sehr wenig deutsch sprechen, Ergebnisse präsentieren sowie Rückmeldung bekommen und geben können. Sie ist dann besonders „effektiv", wenn Projektergebnisse in der Schule öffentlich präsentiert werden.

Bei dieser Methode geht es um eine erste Annäherung an das Schreiben am Computer und das Nutzen von Korrekturprogrammen. Die Arbeit am PC motiviert alle Kinder und bereitet ihnen großen Spaß, darüber hinaus erhalten DaZ-Kinder eine neue Strategie eigene Texte zu korrigieren.

Aufmerksamkeit auf Rechtschreibung und Grammatik richten und Strategien zur Korrektur von Texten entwickeln.

je nach Textlänge 25–40 Minuten

Rechner mit Schreibprogramm, Anleitung zum Starten von Rechner und Schreibprogramm, Anleitung zum Nutzen der Korrekturfunktionen, Tippkarten mit möglichen Fehlerursachen auf der Vorder- und Regeln / Tipps auf der Rückseite (s. S. 49)

Durchführung:

- Nach einem Schreibauftrag bzw. bevor ein Text den anderen präsentiert wird, tippen ihn die Schüler zu zweit ab.
- Dafür fahren sie einen Rechner hoch und starten ein Schreibprogramm. (U. U. brauchen die Schüler hierfür noch Unterstützung oder eine Anleitung in Form von Screenshots.)
- Bei markierten Stellen (in Word rot für Rechtschreibung, grün für Grammatik) gilt es nun, Fehler selbst auszubessern.
- Dafür wird nach dem Prinzip „Trial and error" vorgegangen: unterschiedliche Berichtigungsmöglichkeiten werden durch Änderungen am Text überprüft.
- Die Schüler bekommen außerdem auf rotem und grünem Papier gedruckte Tippkärtchen (s. S. 49), die sie beim Beheben der häufigsten Fehler im Bereich Rechtschreibung und Grammatik unterstützen.
- Verschwindet die Markierung nicht, kann der Rechner über die Funktion *Rechtschreibung und Grammatik* im Reiter *Überprüfen* um „Rat gebeten werden". Der Korrekturvorschlag kann über die Funktion *„ändern"* angenommen werden (und – Abrakadabra – der Fehler wird behoben).
- Wenn sie fertig sind, gehen die Schüler den Text noch einmal durch und überprüfen ihn eigenständig – auch die Korrekturfunktionen der Schreibprogramme finden nicht alle Fehler.

Aufgabenbeispiele:

- Die Schüler einer 3. Klasse haben einen Brief an den Schulleiter geschrieben. Es geht um die Organisation des Osterbazars. Bevor der Brief im Sekretariat abgegeben wird, muss er getippt und korrigiert werden.
- In der 3. Klasse können auch Laufdiktate mithilfe des Computers korrigiert werden.
- Ebenfalls können in der 4. Klasse Schreibkonferenzen durch diese Methode unterstützt werden.
- Das Überarbeiten und Korrigieren eines Textes ist Schülern besonders dann wichtig, wenn dieser Text anderen zugänglich gemacht werden soll. Deshalb ist die Methode bei allen solchen Sprachprodukten gut anzuwenden: Beiträge zur Schülerzeitung, Blogs, Rezeptbuch, Schullandheim-Bericht, Schulhomepage, Märchen-Wettbewerb, Poster etc.

Hinweise / Stolperstellen:

- DaZ-Schülern steht bei der Überprüfung von Rechtschreibung und Grammatik in eigenen Texten nicht immer die Unterstützung durch kompetente Schreiber des Deutschen zur Verfügung. Diese Methode bietet ihnen eine gute Alternative dazu.
- Die Tippkärtchen müssen dem Lernstand der Schüler angepasst sein. Es sollten auch immer nur eine begrenzte Anzahl davon neu eingeführt werden.
- Der Umgang mit den Korrekturfunktionen muss geübt und reflektiert werden, denn nicht alle Vorschläge sind immer angemessen.

Variation:

Neben den Korrekturfunktionen kann auch die Thesaurusfunktion genutzt werden. DaZ-Schüler weisen tendenziell ein begrenztes Spektrum im Wortschatz auf. Durch maschinelle Vorschläge können sich wiederholende Wörter variiert werden.

Beispiel für Tippkarten:

Fehlen Leerzeichen?	Wo beginnt und endet dieses Wort?
Sind alle Buchstaben da? Stehen sie alle in der richtigen Reihenfolge?	Wort nochmals in Robotersprache laut vorlesen und überprüfen, ob alle Buchstaben da sind.
Schreibt man dieses Wort groß?	Nomen (Gibt es einen Artikel? Kann man einen Plural bilden?) schreibt man groß. Nach einem Schlusssatzzeichen schreibt man groß.
Gibt es Vokale (a, e, i, o, u)? Spricht man sie lang oder kurz aus?	Lang: Dehnungs „h", „e" nach „i" oder doppelter Vokal Kurz: Doppelter Konsonant
Fehlen auf einem „a", „o" oder „u" die Umlautpunkte?	Wörter nochmals laut vorlesen und überlegen, ob sie einen Umlaut brauchen.
Ist der Satz komplett?	Den ganzen Satz laut vorlesen und überprüfen, ob am Ende des Satzes nicht noch etwas fehlt.
Stimmen das Subjekt und die Verbendung überein?	Subjekt im Singular: > Verbendung: „-e", „-st", „-t". Subjekt im Plural: > Verbendung: „-en", „-t", „-en"
Passt der Artikel nicht?	Heißt es „der", „die", „das", „den" oder „dem"?
Stimmt die Endung am Adjektiv?	„-en"?, „-e"?, „-em"?, „-er"

Die Kinder bereiten einen Radiobeitrag vor, verfassen ein Skript, nehmen den Beitrag auf und präsentieren ihn. Unabhängig vom individuellen Sprachstand üben sie dabei, welche Informationen sie für einen Bericht nutzen können und wie sie diese formulieren.

wichtige Informationen von weniger wichtigen unterscheiden und in einem Bericht zusammenstellen; sprachliche und mediale Besonderheiten von Radiosendungen kennenlernen

40 Minuten

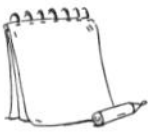
Block, Aufnahmegeräte (z. B. Laptop mit Mikrofon, Smartphone)

Durchführung:

- Die Kinder überlegen, welches Ereignis sich für einen Radiobeitrag eignet.
- Sie schreiben auf, welche Informationen sie in dem Beitrag berichten möchten.
- Sie sortieren die Informationen nach Wichtigkeit.
- Dann erstellen sie ein Skript für den Radiobeitrag.
- Das Skript wird auf verschiedene Sprecher aufgeteilt und der Radiobeitrag aufgenommen.

Aufgabenbeispiel:

Die Thematik der Beiträge und ihre Komplexität kann je nach Interesse und Sprachvermögen der Kinder gesteigert werden. Ein Radiobeitrag kann zum Beispiel über eine Projektwoche, einen Aufenthalt im Schullandheim oder Sportveranstaltungen (Bundesjugendspiele, Spendenlauf) geführt werden.
Die Kinder können auch den Auftrag erhalten, einen Radiobeitrag über den letzten Schulausflug in die Bäckerei zu erstellen. Sie überlegen zunächst, was sie in dem Beitrag berichten wollen. Sie sammeln gemeinsam, was sie in der Bäckerei gesehen und gelernt haben und was ihnen am besten gefallen hat. Dann entscheiden sie, welche Informationen / Punkte besonders wichtig sind und welche weniger. Nun schreiben sie das Skript, das sie vorlesen und aufnehmen möchten. Wenn das Skript fertiggestellt ist, besprechen sie, wer welchen Abschnitt lesen wird. Jeder Sprecher übt seinen Textabschnitt fehlerfrei und deutlich vorzulesen. Vor einer Probeaufnahme überlegen sie, was bei der Aufnahme eines Radiobeitrags wichtig ist. Die Technik des variantenreichen Sprechens kann für die Kinder an dieser Stelle hilfreich sein (vgl. 4.5). Mit der Probeaufnahme prüfen die Kinder, ob sie deutlich sprechen, und üben gegebenenfalls noch einmal. Da der Radiobeitrag mit verschiedenen Sprechern aufgenommen wird, achten die Kinder darauf, alle in etwa gleich laut zu sprechen. Schließlich präsentieren sie ihre Radioaufnahme in der Klasse und wenn möglich in Parallelklassen.

Hinweise / Stolperstellen:

- Als Einstieg in die Methode bietet sich eine Mindmap zum Thema an. Das Wort „Radio“ wird groß in die Mitte der Tafel geschrieben und die Klasse erstellt gemeinsam eine Mindmap dazu. Die Kinder schreiben die Mindmap mit und ergänzen dabei individuell eigene Ideen.
- Außerdem sollten einige Kriterien erarbeitet werden, die einen guten Radiobeitrag auszeichnen, z. B. wichtige Informationen wie Ort, Zeit und Anzahl der beteiligten Personen zusammenfassen, deutlich sprechen, Abwechslung durch verschiedene Sprecher oder Interviews einbringen etc. Diese können aus den Erfahrungen der Kinder oder anhand einiger Hörbeispiele gewonnen werden.
- Schulausflüge finden gewöhnlich mit der gesamten Klasse statt. Es hat aber wenig Sinn, dass mehrere Gruppen in der Klasse an demselben Radiobeitrag arbeiten. Daher sollten verschiedene Themen zur Erstellung eines Radiobeitrags zur Auswahl gestellt werden. Am besten ist es, mit den Schülern zusammen geeignete Themen zu sammeln.

Variation:

- Den Radiobeitrag können die Kinder mit Interviewfragen beleben. Sie denken sich dazu Fragen aus, z. B. „Was hat dir in der Bäckerei am besten gefallen?“, „Welche Kekse haben dir am besten geschmeckt?“. Dabei kombinieren sie für den Radiobeitrag Text, der vom Skript abgelesen wird, mit vorbereiteten Fragen und den spontanen Antworten ihrer Mitschüler.
- Wenn die Kinder mit der Methode vertraut(er) sind, können sie schon im Voraus einzelne Aufnahmen für den Radiobeitrag planen, wie zum Beispiel Interviews mit dem Hausmeister des Schullandheims oder den Siegern der verschiedenen Disziplinen bei den Bundesjugendspielen.
- In Verbindung mit einer Präsentation kann eine Jury gebildet werden, die den besten Beitrag auswählt. Hierfür können weitere Redemittel gegeben werden: „Ich halte diesen Beitrag für …“, „Meiner Meinung nach …“ etc.

Durch die Erstellung eines Quiz können alle Schüler unabhängig vom individuellen Sprachstand ihre Ausdrucksfähigkeit erweitern. Sie üben, Personen zu beschreiben sowie Steckbriefe zu verfassen, und lernen eine neue schriftliche wie mündliche Präsentationsform kennen.

verschiedene Arbeitstechniken zur Beschreibung von Personen kennenlernen und verwenden; verschiedene Arbeitsschritte zur Erstellung eines Quiz identifizieren und praktisch umsetzen; das Quiz als Präsentationsform kennenlernen

40 Minuten

Texte, Geschichten, Märchen, Zeitungen (mit Abbildung von Menschen)

Durchführung:

- Die Kinder suchen sich eine Person / Figur aus, die sie (allein, in Tandems oder Kleingruppen) beschreiben möchten (z. B. eine Märchenfigur).
- Sie notieren die wichtigsten Merkmale der Person / Figur in einem Steckbrief.
- Dann formulieren sie mit vollständigen Sätzen einen kurzen Fließtext zur Beschreibung der Person / Figur.
- Bei einer Präsentation der Beschreibungstexte (z. B. in Form eines Rundgangs, vgl. 4.1) können sich alle Schüler über die Personen / Figuren informieren.
- Die Kinder erstellen ein Quiz aus ihren vorbereiteten Beschreibungen und bereiten ein Lösungsblatt mit den Antworten zu den Fragen vor.

Aufgabenbeispiele:

- Aus einer Tageszeitung suchen sich die Kinder die Abbildung einer berühmten Person aus, die sie beschreiben möchten. Sie fertigen einen Steckbrief über sie an und beschreiben die Person in einem kurzen Fließtext. Die Beschreibungen werden auf einer Wandtafel oder auf den Tischen ausgestellt, sodass alle Schüler Zeit haben, die Arbeiten der anderen anzuschauen. Im Anschluss formulieren die Kinder Fragen für ein Quiz sowie ein Lösungsblatt. So ist jeder Schüler Experte für seine berühmte Person und die anderen können bei ihm die Lösungen überprüfen.
- Motivierend ist es, wenn die Kinder einen Mitschüler beschreiben. Daraus kann sich ein unterhaltsames Ratespiel ergeben. Die Kinder lesen ihre Personenbeschreibung vor und die anderen raten, wer gemeint ist.
- Die Schüler können auch eine Geschichte beschreiben. Die Aufgabe für die Mitschüler ist dann, den Titel der Geschichte herauszufinden. Die Geschichte sollte allen Schülern bekannt sein, also aus dem Unterrichtsstoff, gerne auch aus anderen Fächern.

Hinweise / Stolperstellen:

- Um sicherzustellen, dass die Aufgaben lösbar sind, sollten immer nur allen Mitschülern bekannte Personen, Geschichten und Themen gewählt bzw. die Informationsquellen (Zeitung) entsprechend vorbereitet werden.
- Besonders DaZ-Kinder werden bei dieser Methode unterstützt, wenn ihnen Wörterschatzkisten (vgl. 2.3) mit Wortmaterial, das zum präzisen Beschreiben von Personen gebraucht wird, zur Verfügung stehen.

Variation:

- Zur Differenzierung kann das Quiz mit offenen Fragen oder Ja-Nein-Fragen erstellt werden.
- Für noch nicht alphabetisierte (DaZ-)Schüler kann auch mit Zeichnungen gearbeitet werden.

In den ersten Schuljahren ist es für alle Kinder von besonderer Bedeutung, phonologische Bewusstheit zu erlangen, um im Prozess des Schriftspracherwerbs erfolgreich zu sein. Eine besondere Chance bietet hierbei der Vergleich unterschiedlicher Sprachen und Dialekte.

Strategien zum deutlichen Sprechen erlernen, indem die Aufmerksamkeit auf die phonetisch-phonologisch korrekte Sprache gelegt wird

10 Minuten

Bildkarten mit unterschiedlichen Tieren

Durchführung:

- Zu einem Thema werden wichtige Wörter variantenreich von den Kindern gesprochen.
- Die Lehrkraft zeigt abwechselnd Bildkarten mit Tieren, die eine bestimmte Art zu sprechen nahelegen: Sehen die Kinder einen Löwen, sprechen sie laut. Zeigt die Lehrkraft die Maus, wird leise gesprochen. Das Bild mit dem Elefanten lädt zum Sprechen mit tiefer Stimme ein. Die Schnecke spricht sehr langsam, gegebenenfalls sogar in Silben. Beim Fisch werden nur die Lippen bewegt, ohne dass die Kinder einen Laut produzieren.
- Die Kinder variieren die Sprechweise entsprechend der Tiersymbole und trainieren so die korrekte Aussprache verschiedener Wörter. Dadurch wird die phonologische Bewusstheit aller Kinder spielerisch geschult.

Aufgabenbeispiele:

- Im kreativen Schreiben soll ein Text zum Thema „Weihnachtsmarkt" geschrieben werden. Zur Vorbereitung wird eine Mindmap erstellt. Um einige zentrale Wörter phonetisch-phonologisch zu festigen, deutet die Lehrkraft dann beispielsweise auf das Wort „Lebkuchen". Die Kinder sprechen das Wort im Chor, einzeln oder in kleinen Gruppen in den verschiedenen Sprecharten. Hierfür zeigt die Lehrkraft oder auch ein Kind die entsprechenden Tierbilder hoch. So wird das Wort „Lebkuchen" sehr oft gesprochen und phonetisch-phonologisch gesichert. Weitere Wörter werden auf dieselbe Art wiederholt.

- Besonders witzig ist es, wenn die Methode stets ihren spielerischen Charakter behält. Im Film „Findet Nemo" sprechen die Tiere verschiedene Dialekte. Dieses Element kann im Unterricht der 1./2. Klasse aufgegriffen werden. Die Kinder imitieren die Dialekte der Tiere oder bringen fremdsprachige Elemente mit ein. So beginnt eine Sensibilisierung für sprachliche Variationen. Dies ist eine wichtige Grundlage für effektives Kommunizieren und für das Erlernen fremder Sprachen. Außerdem kann gleichzeitig eine Wertschätzung für verschiedene Sprachen und Kulturen vermittelt werden.

Hinweise / Stolperstellen:

- Das Sprechen im Chor bzw. die mehrfache Wiederholung von Wörtern sollte im Unterricht sparsam eingesetzt werden. Von einem häufigen und mechanischen Vor- und Nachsprechen des zu erlernenden Wortschatzes soll unbedingt abgesehen werden. Diese Methode bietet aber die Möglichkeit, den Kindern, durch Variation die Freude an einer genauen Aussprache im Spiel zu vermitteln.
- Die Methode bietet den Schülern auch die Chance, Strategien wie die Variation der Lautstärke und des Tempos oder das Segmentieren in Silben zur genauen Aussprache zu erwerben. Haben sie diese einmal verinnerlicht, kann sie auch bei Präsentationen selbstständig genutzt werden. So können die Kinder diese Strategien auch bei der Vorbereitung eines Vortrags nutzen.

Variation:

- Statt Tierbilder zu verwenden, können auch andere Symbole für lautes, leises, langsames, schnelles, hohes bzw. tiefes Sprechen verwendet werden. Auch die Robotersprache kann in diesem Zusammenhang eine gute Übungsvariation sein, v.a. um Silben zu segmentieren. Darth Vader aus Star Wars könnte hierbei ein lustiges Vorbild sein.
- Die Methode kann auch von den Kindern selbstständig durchgeführt werden. Ist den Schülern einmal die Bedeutung der Tierbilder bekannt, kann diese Übung auch im Rahmen einer Partner- oder Gruppenarbeit oder offener Formen des Unterrichts eingesetzt werden.
- Außerdem können mehrsprachige Ressourcen genutzt werden, indem nichtdeutsche Wörter verwendet werden. Das daraus entstehende Aussprachetraining sensibilisiert für ein breiteres Lautinventar, vermittelt Verständnis für andere Kulturen und bereitet auf den Erwerb von Fremdsprachen spielerisch vor. Sprachvergleiche können dazu genutzt werden, alle Kinder für eigene und fremde Sprachsysteme zu sensibilisieren.

Anhand einer Zielscheibe bewerten Schüler eine vorausgegangene Unterrichtssequenz zusammen mit den von ihnen erbrachten Leistungen. Die Kombination verschiedener, selbstbestimmter Bewertungskriterien ermöglicht eine positive Wertschätzung der Gesamtleistung trotz u. U. noch nicht ausreichend ausgebildeter Kompetenzen in den Bereichen Aussprache, Wortschatz, Schreiben und Korrektheit.

sich selbst und andere begründet und umfassend evaluieren und mit Fremdevaluation umzugehen lernen

Durchführung der Evaluation: 10 Minuten,
Erarbeitung der Evaluationskriterien: 40 Minuten,
Herstellung der Zielscheibe je nach Aufwand: 30–90 Minuten

Pappe oder Holz, großer Zirkel, Farben und Pinsel, farbige Reißzwecken, Nägel, Paketschnur, (alternativ Magnettafel mit Stiften und Magneten)

Durchführung:

- Die Schüler stellen aus Pappe oder Holz eine Zielscheibe her, die mit einer angemessenen Menge an Kreisen versehen wird. Es bietet sich eine gerade Anzahl an, damit sich nicht alle für die „goldene" Mitte entscheiden. Jeder Kreis stellt eine Erfolgsstufen dar (z. B. von „traf immer zu" bis „traf gar nicht zu", „sehr gut" bis „sehr schlecht", 1 bis 6 etc.).
- Weiterhin wird die Zielscheibe durch das Spannen einer Paketschnur in Sektoren eingeteilt, die die Bereiche, die evaluiert werden, darstellen. Hier bieten sich meistens vier bis acht an. Die zu evaluierenden Bereiche sollen von den Schülern mitbestimmt werden können. So hat jeder die Möglichkeit, Bewertungskriterien vorzuschlagen, die seine eigene Leistung nicht benachteiligen.
- Nachdem die zu evaluierenden Bereiche und die Abstufungen festgelegt wurden, erhält jeder Schüler eine der Anzahl der Sektoren entsprechende Menge an Reißzwecken in der gleichen Farbe. Er kann sie nun entsprechend setzen.
- Danach erfolgt eine Fremdevaluation durch die Lehrkraft und / oder Mitschüler anhand von Reißzwecken in anderen Farben.

Aufgabenbeispiele:

- Am Ende einer Unterrichtssequenz zum Thema Märchen, evaluieren sich die Schüler anhand großer bunter Reißzwecken zuerst selbst (s. Beispiel) und werden dann anhand kleinerer Reißzwecken in der gleichen Farbe (immer eine für jeden Schüler) von anderen Schülern bewertet.
- In der 3. / 4. Klasse kann so auch eine Stationenarbeit evaluiert werden.

Beispiel für eine Zielscheibe:

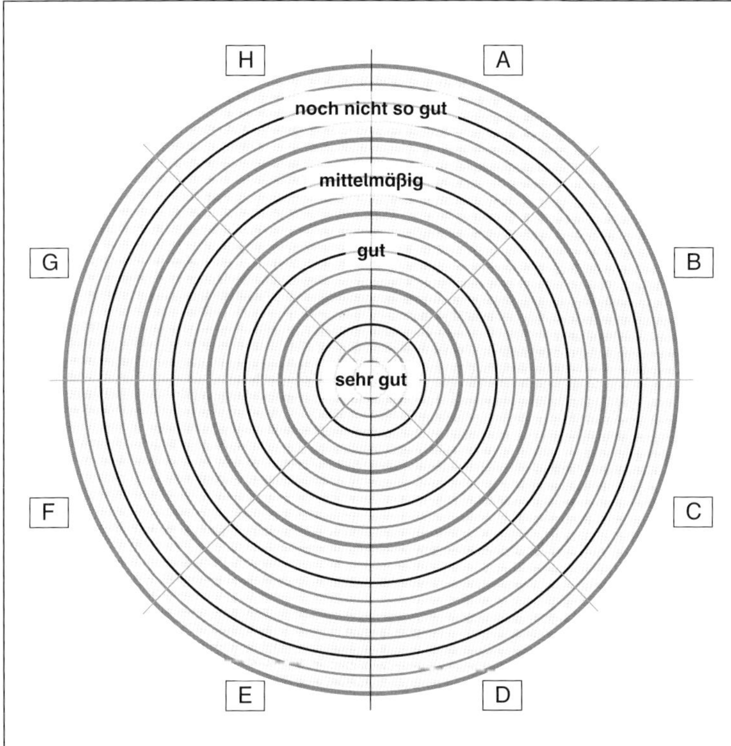

A: Das Projekt war für mich sehr interessant.

B: Ich habe gut mitgearbeitet.

C: Das Klima in meiner Gruppe war gut.

D: Ich kenne jetzt viele neue Märchen.

E: Ich kann ein Märchen vorlesen und die wichtigsten Merkmale erkennen.

F: Ich kann selbstständig ein Märchen erfinden und schreiben.

G: Ich kann ein Märchen so erzählen, dass alle gebannt zuhören.

H: Ich bin jetzt ein Profi in der Beschreibung von Zaubergegenständen.

Hinweise / Stolperstellen:

- Einmal angefertigte Zielscheiben können natürlich mehrmals verwendet werden. Die Zielscheiben können fotografiert und in einem Portfolio zu Dokumentations- und Reflexionszwecken gesammelt werden.
- Es sollte darauf geachtet werden, dass die Leistungen aller Kinder fair bewertet werden und nicht der Eindruck entsteht, bestimmte Leistungen oder Kinder werden übermäßig kritisiert. Es geht um die Produkte und das Ziel ihrer Verbesserung. Hiermit können also auch wichtige soziale Kompetenzen geübt werden.

Variation:

- Auf der Zielscheibe können anhand von Kärtchen auch Verbesserungsvorschläge oder Begründungen festgehalten werden.
- In Verbindung mit Jurybewertungen, -besprechungen und -kritiken ist die Methode besonders effektiv. Dazu kann man wichtige Redemittel zur Bewertung bereithalten.

Bei dieser Methode geht es um sprachliches Marketing: Spielerisch werden Kinder für Steigerungsformen und andere Formen der sprachlichen Verpackung sensibilisiert. Alle Kinder erfahren so die Bedeutung und Wirkung von Bewertungen und lernen diese zu nutzen.

Wortart Adjektive erkennen; Steigerungsformen kennenlernen; Adjektive als Mittel für die Bewertung kennenlernen und nutzen

15–20 Minuten

Kärtchen mit Adjektiven in der Grundform und dem Komparativ, Kärtchen mit den jeweils fehlenden Superlativen, 2 entsprechend beschriftete Schachteln: die erste Schachtel für die Grund- und Steigerungsformen, die zweite für die Superlative

Durchführung:

- Ein Kind zieht ein Kärtchen aus der ersten Schachtel und liest die Wörter (Grundform und Steigerungsform).
- Dann sucht es in der zweiten Schachtel den passenden Superlativ.
- Hat ein Kind den richtigen Superlativ gefunden, zeigt es die Kärtchen den Mitschülern zur Kontrolle und legt sie zur Seite.
- Dann kommt der nächste Mitspieler dran.
- Beim nächsten Durchgang zieht das Kind ein Kärtchen aus der zweiten Schachtel, sodass abwechselnd einmal der Superlativ, das nächste Mal die Grund- und Steigerungsform bestimmt werden müssen.
- Später können die Kinder die drei Formen in einem mündlichen Beitrag oder zur Verbesserung eines Textes nutzen sowie in ihre individuelle Wörterliste (vgl. 1.5) eintragen.

Aufgabenbeispiel:

Die Methode eignet sich immer, wenn Inhalte oder Erlebnisse verglichen oder bewertet werden. Vor den Ferien stellen zum Beispiel die Kinder einer 3./4. Klasse im Unterricht ihre Lieblingsbücher vor. Jedes Kind darf im Sitzkreis sein Buch präsentieren und es dann anderen Kindern als Ferienlektüre leihen. Bevor die Bücher verliehen werden, überlegen sich die Kinder, aus welchem Grund sie das entsprechende Buch lesen möchten. Adjektive helfen in diesem Zusammenhang zu vergleichen. Es gibt Bücher, die spannender klingen als andere, welche, die mehr oder weniger Seiten haben als die anderen oder interessantere Themen behandeln. Zu diesen Adjektiven finden die Kinder im Spiel zunächst die Steigerungsformen und begründen dann im Plenum sprachlich korrekt ihre Entscheidung für ihre Ferienlektüre.

Weitere Einsatzbeispiele:

- Mithilfe dieser Methode kann in einer 4. Klasse eine Klassenhitparade mit den Lieblingshits der Kinder erstellt werden. Manche Lieder sind ruhiger, andere haben die schönere Melodie und wieder andere einen originelleren Text.
- Im Zusammenhang mit den Bundesjugendspielen kann in der 2.–4. Klasse reflektiert werden, welche Kinder schneller laufen oder höher und weiter springen als andere. (Dabei soll natürlich darauf geachtet werden, dass jedes Kind positiv dargestellt wird.)
- Darüber hinaus eignet sich diese Methode auch sehr gut zur Erarbeitung der Zahlwörter und der Ordinalzahlen in der 2. Klasse. Dabei sollten die Zahlen in 3er- oder 4er-Blöcke eingeteilt werden.

Hinweise / Stolperstellen:

- Die Kärtchen sollten alle auf farbigem Papier gedruckt sein. Dabei sollten unbedingt unterschiedliche Farben bzw. Farbnuancen für die zwei Kärtchenarten verwendet werden, z. B. Grundform und Komparativ auf hellblauem Papier, Superlativ auf dunkelblauem.
- Diese Übung kann immer wieder zum Wiederholen genutzt werden. Die Kärtchen sollten den Kindern zum selbstständigen Üben zur Verfügung stehen.

Variation:

- Jedes Kind zieht ein Kärtchen, entweder aus der ersten oder aus der zweiten Schachtel. Dann gehen die Kinder herum und suchen das passende Gegenstück zu ihrem Kärtchen, also das mit dem Superlativ, wenn sie eines mit der Grundform und dem Komparativ haben. Durch verschiedene Farben können sie die Kinder, die das Gegenstück haben könnten, gezielt fragen.
- Die Superlativkärtchen können auch an der Seitenwand, einer Flipchart oder (Magnet-)Tafel festgemacht werden. Je nach Gruppenkonstellation bietet sich dies an, um die Kinder in Ruhe – ohne die Beobachtung in der Kleingruppe am Tisch – nach den passenden Kärtchen suchen zu lassen.
- Nachdem die Kinder mit der Methode vertraut sind, erstellen sie selbst zu neu gelernten Adjektiven Kärtchen. Dabei können sie auch nur das Grundwort, den Komparativ oder den Superlativ aufschreiben und die Gegenkärtchen erstellen. Es ist darauf zu achten, dass die zusammengehörenden Kärtchen und Schachteln immer entsprechend (z. B. farblich, mit Namen der Kinder) markiert sind.
- Mit Mindmaps zu den Adjektivreihen können die Schüler ihren Wortschatz und die Verwendung der Steigerungsformen erweitern und festigen. Dabei notieren Sie alle Begriffe, die Ihnen zu dem Adjektiv einfallen, auch Nominalphrasen oder kurze Sätze (z. B. „das große Auto", „Ich habe ein größeres T-Shirt.").
- Durch eine Einbettung in unterschiedliche Kontexte ist die Methode besonders effizient für die Textgestaltung, z. B. zur Verbesserung eines Einladungs- oder Glückwunschschreibens (die tollste, beste … Freundin), zur Bewertung von Schüleraufgaben, zum Lob von Eltern oder Freunden etc.

Bei dieser Methode müssen die Kinder aufgrund minimaler sprachlicher Informationen Sinn herstellen. Dies ist sowohl für DaZ- als auch für DaM-Kinder ein Sprechanlass, bei dem sie Begründungen formulieren müssen.

Sinn herstellen, Aussagen auf Plausibilität prüfen, Entscheidungen treffen; die Funktion von Satzgliedern erfassen und unterschiedliche Satzstrukturen kennenlernen

10–15 Minuten

Kärtchen mit Satzgliedern, ganz in Druckschrift und in Großbuchstaben, eine Schachtel für jede Kategorie von Satzteilen

Durchführung:

- Zwei Teams von je zwei oder drei Schülern spielen gegeneinander.
- Die Kinder ziehen aus jeder Schachtel ein Kärtchen mit Satzgliedern.
- Sie legen sie in der Reihenfolge, in der sie sie gezogen haben, ab.
- Sie entscheiden, ob der Satz Sinn ergibt oder nicht.
- Erkennen sie einen sinnhaften Satz als solchen wieder, so erhalten sie einen Punkt. Ist es kein sinnhafter Satz und wird als solcher auch erkannt, erhalten sie ebenfalls einen Punkt. Entsteht kein sinnhafter Satz, der aber als sinnhaft eingestuft wird, erhält das gegnerische Team einen Punkt.

Aufgabenbeispiele:

- Die Kinder haben bereits erfahren, dass sich Satzglieder durch die Umstellprobe erkennen lassen. Nun üben sie im Spiel, wie Satzglieder sinnvoll kombiniert werden können. Zunächst zieht das erste Team je ein Kärtchen aus den Schachteln und ordnet sie in der vorgegebenen Reihenfolge an. Dann lesen sie den Satz und prüfen, ob sie alle Wörter kennen. Wenn unbekannte Wörter dabei sind, nutzen sie ihr Wörterbuch oder fragen Mitschüler nach der Bedeutung. Dann entscheiden sie im Team, ob der Satz Sinn ergibt oder nicht. Wenn sie sich dafür entscheiden und es ein sinnhafter Satz ist wie „Lisa liegt auf dem Sofa.“, bekommt das Team einen Punkt. Kommt ein Satz heraus wie „Erik geht unter dem Auto.“ und das Team erklärt diesen fälschlicherweise als sinnhaft, so bekommt das gegnerische Team einen Punkt. Erkennt das Team, dass ein Satz wie „Eva fährt ein Gedicht.“ nicht sinnhaft ist, so erhält es für diese Erkenntnis einen Punkt. Dabei kommt es auch zu Diskussionen, ob etwas gar nicht möglich ist oder vielleicht doch. Hier ist wichtig, dass die Lehrkraft als neutraler Schiedsrichter auftritt. Diese Diskussionen können sehr gut genutzt werden, um Begründungen zu üben. Die Kinder setzen alles daran, gute Argumente für „ihren“ Satz zu finden, um dann einen Punkt zu bekommen. Die Wortbedeutungen werden auf diese Weise intensiv erarbeitet.

- Das Spiel kann auch mit vorgefertigten Textausschnitten aus bekannten (z. B. Märchen) oder weniger bekannten Texten (etwa der Tageszeitung) gespielt werden. Dabei müssen die Kinder mit mehr unbekanntem Wortschatz umgehen, v. a. bei Texten aus Zeitungen. Dies ist für Kinder ab der 3. Klasse gut geeignet und auch für DaM-Kinder eine spannende Herausforderung.

Hinweise / Stolperstellen:

- Um die Methode einzuführen ist es am einfachsten, mit Personennamen und Verben in der 3. Person Singular zu arbeiten und mit einfachen Satzstrukturen zu beginnen (Subjekt, Prädikat, Objekt / Orts- oder Richtungsangabe). Je intensiver bereits der Satzbau im Unterricht besprochen wurde, desto wichtiger wird es zwischen Objekt und Angabe zu unterscheiden. Dann sollte bei der Prädikatsauswahl im Vorfeld auch genau darauf geachtet werden, ob das Verb nur ein Objekt, mehrere Objekte oder kein Objekt fordert, damit weiterhin immer richtige Sätze formbar sind.
- Die Kinder können zu zweit oder zu dritt mehr entschlüsseln, als alleine. Daher empfiehlt es sich, dass sie gemeinsam arbeiten und jeweils ihren individuellen Wortschatz einbringen können.

Variation:

- Bei Kindern, die das lateinische Alphabet noch lernen müssen, bieten sich Bildkarten zu Menschen / Tieren, Tätigkeiten und Objekten oder Orten an.
- Je nach Fortschreiten im Unterrichtsstoff können die Satzglied-Schachteln (von den Kindern selbst) um neue Satzglieder (z. B. Zeitangaben) oder die Satzglieder um weitere Satzgliedteile (z. B. Adjektive) erweitert werden. Die Kinder nutzen dafür den Grundwortschatz oder ihre individuelle Wörterliste (vgl. 1.5 Individuelle Wörterliste). Durch Umstellen können auch Fragen oder Ausrufesätze gelegt werden. Die Kinder können die Satzzeichen-Kärtchen dazu selbst erstellen und richtig einsetzen üben.

Beispiele für Satzgliedkarten:

Diese Methode erfordert, dass Plakate von allen Kindern nach Darstellung und Inhalt bewertet werden. Darauf basierend wird entschieden, welches am besten gelungen ist. Gesten und Sprachmuster der DaM-Kinder haben Erklärungs- und Vorbildfunktion und helfen DaZ-Kindern eigene Bewertungen zu formulieren.

Orientierung auf Papiermedien üben, Wortschatz für genaue Lagebeschreibung erwerben; Bewertungskriterien kennenlernen und nutzen

30–40 Minuten

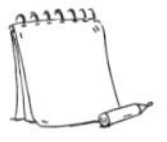

Plakate aus Präsentationsphasen, Block für Notizen, Bewertungsbogen (vgl. S. 63)

Durchführung:

- Ein Bewertungsbogen wird verteilt und gemeinsam besprochen.
- In Teams begutachten die Kinder alle Plakate, die zu einem Thema/Projekt entstanden sind.
- Jedes Team füllt einen Bewertungsbogen pro Plakat aus.
- In den Teams werden die Bewertungsbögen besprochen und jede Gruppe kürt ein Siegerplakat.
- Die Gruppe benennt das Plakat, das ihrer Meinung nach am besten gelungen ist.

Aufgabenbeispiel:

Im Rahmen eines Kunstprojekts haben die Schüler die Aufgabe, Plakate für das anstehende Schulfest zu erstellen. Im Vorfeld bespricht die Klasse gemeinsam, wie ein gutes Plakat aussehen und welche Informationen es enthalten sollte. Dann machen die Gruppen sich an die Arbeit und erstellen ein Plakat. Im Anschluss sollen die fertigen Plakate bewertet werden. Zunächst bespricht die Lehrkraft den Bewertungsbogen mit der Klasse. Dann verteilen sich die Teams an die Plakate und begutachten diese in Ruhe. Jede Gruppe bewertet dabei die Plakate der anderen Gruppen. Sie gehen den Bewertungsbogen Frage für Frage durch. Alle Schüler im Team geben ihre Einschätzung ab. Gemeinsam einigen sie sich darauf, ob sie die Bewertungsfrage mit „ja“ oder „nein“ beantworten möchten. Während der Bewertung der Plakate verwenden die Schüler Wortschatz zur Lagebeschreibung wie z. B. „ganz unten, rechts neben dem …, zwischen der Überschrift und dem Text“ etc. Nach drei bis vier Minuten gibt die Lehrkraft ein Signal und das Team wechselt zum nächsten Plakat.

Hinweise / Stolperstellen:

- Bei dieser Methode ist die gemischte Teambildung von DaZ- und DaM-Kindern (oder fortgeschrittenen DaZlern) besonders wichtig. Die Kinder hören bei der Beschreibung und Bewertung viel Wortschatz zur Lagebeschreibung und Orientierung auf dem Plakat (auf / in Schriftmedien). Da die Kinder direkt vor dem Plakat stehen, begleiten sie ganz natürlich die Beschreibungen und ihre Kommentare mit Zeigegesten und unterstützen die DaZ-Kinder dabei, die Wortbedeutungen zu erfassen. Gleichzeitig geben sie ihnen Sprachmuster, die diese gleich (oder beim nächsten Plakat) ausprobieren können, z. B. „Das ist weit oben.", „Das kann weiter rechts sein." Alternativ könnte auch die Lehrkraft selbst ein Team unterstützen und Sprachbeispiele geben.
- Es sollten so viele Teams gebildet werden, wie es Plakate gibt. Nach einer bestimmten Zeit (3–4 Minuten), wechseln die Teams zum nächsten Plakat. Wenn die Zeit zu knapp ist und die Bewertungsbögen noch nicht ausgefüllt sind, sollten diese Arbeitsphasen entsprechend verlängert werden. Mehr als 5 Minuten sollte eine Plakatbewertung aber nicht dauern.

Variation:

- Mit dieser Methode können auch Werbeplakate (z. B. vom Zirkus), Werbeanzeigen oder Prospekte bewertet werden. Dafür müsste man gegebenenfalls die Bewertungskriterien erweitern.
- In Form eines Wettbewerbs, eventuell mit Jury, ist die Methode besonders wirksam. Hierzu könnte auch ein Moderator die unterschiedlichen Plakate und ihre Bewertung bei „einer Veranstaltung" vorstellen.

Beispiel für einen Bewertungsbogen:

BEWERTUNGSBOGEN für PLAKATE	Ja	Nein
Ist das Plakat übersichtlich?		
Sind zu viele Informationen darauf? Ist es zu voll?		
Sind ausreichend Informationen darauf?		
Kann man die Schrift gut lesen? Ist sie groß genug? Ist sie ordentlich?		
Sind die Erklärungen gut zu verstehen?		
Macht das Plakat neugierig, mehr über das Thema zu erfahren?		
Sind passende Bilder auf dem Plakat?		
Weitere Bewertungsideen …		
Was fällt euch noch auf?		

Im Schreibgespräch reflektieren die Kinder ihre Lernergebnisse und -prozesse anhand strukturierender Impulse. Es entsteht ein reger sprachlicher Austausch zwischen allen Kindern. Jedes Kind kann seine eigene Meinung zum Ausdruck bringen und bei Bedarf auf das Sprachmaterial anderer Kinder zurückgreifen.

 zu Impulsen schreiben; die eigene Meinung vertreten

 10–20 Minuten

 DIN-A3-Plakate mit Impulsen, Stifte

Durchführung:

- An verschiedenen Stellen im Klassenzimmer z. B. auf den Gruppentischen legt die Lehrkraft Plakate aus. In der Mitte der Plakate steht jeweils ein Impuls, der den Unterrichtsinhalt aufgreift und zum Gespräch anregt.
- Folgende Impulse eigenen sich für Schreibgespräche: „Das möchte ich mir merken:" / „Das ist meine Idee zum Thema:" / „Daran möchte ich weiterarbeiten:" / „Das interessiert mich jetzt: "/ „Das kann ich weitergeben:" / „Das sollte ich noch üben:" / „Das möchte ich unbedingt noch sagen:"
- Die Kinder bewegen sich frei im Raum und schreiben ihre Meinungen, Gedanken und Ideen auf die Plakate.

Aufgabenbeispiel:

Diese Methode kann vielfältig eingesetzt werden. Anlass zur Reflexion können Lernprozesse, aber auch Themen zum sozialen Miteinander sowie Fachinhalte sein.
Die Kinder einer 3. Klasse beschäftigen sich zum Beispiel in einer Gedichtwerkstatt mit verschiedenen Gedichten von James Krüss. An verschiedenen Stationen setzen sich die Kinder gestaltend mit von ihnen ausgewählten Gedichten auseinander. Sie malen, vertonen, lesen betont, lernen auswendig etc. Am Ende dieser Unterrichtseinheit oder auch in Form einer Zwischenreflexion wird ein Schreibgespräch durchgeführt, bei der sich die Kinder über ihre Arbeit an den Gedichten austauschen.

Hinweise / Stolperstellen:

- Die Kinder sollten darauf hingewiesen werden, dass sie an einem Plakat nicht nur einmal vorbeikommen dürfen, sondern mehrmals, um auch zu lesen, was ihre Mitschüler geschrieben haben. Es ergibt sich daraus die Möglichkeit, auf die Kommentare der anderen einzugehen. Erst dann entstehen wirklich Gespräche.
- Eine innere Differenzierung ergibt sich bei dieser Methode ganz automatisch. Es entsteht eine Sammlung an authentischem Sprachmaterial, das von allen Kindern genutzt werden kann. Besonders DaZ-Kinder können auf Formulierungen ihrer Mitschüler zurückgreifen.

Variation:

Die Impulse auf den Plakaten können zunehmend auch von den Kindern selbst eingebracht werden. Dadurch wird ihr Blick noch einmal mehr für zentrale Inhalte geschärft.

Eine Reflexionsmethode, die auch ohne (schrift-)sprachliche Mittel auskommt und den Lernprozess der Kinder sichtbar werden lässt.

 den eigenen Lernweg reflektieren und sich mit anderen über Lernstrategien austauschen

 10–20 Minuten

 DIN-A3-Plakat (evtl. Kopiervorlage, vgl. S. 67), Stifte

Durchführung:

- Jedes Kind zeichnet seine individuelle Lernlandkarte.
- Um ihren Lernweg sichtbar zu machen, stehen den Kindern verschiedene Symbole, z. B. ein Berg oder ein Fluss, zur Verfügung.
- Im Plenum werden die Lernlandkarten vorgestellt.

Aufgabenbeispiel:

Diese Methode findet am Ende eines Projektes, einer intensiven Lernphase oder auch zum Abschluss eines Unterrichtstages ihren Einsatz. Die Schüler zeichnen ihre persönliche Lernlandkarte. Zunächst wird es hilfreich sein, ihnen einige Impulsfragen vorzugeben, an denen sie sich orientieren können:

- „Einen Berg zu besteigen ist anstrengend: Was war für dich anstrengend?"
- „Auf einer Hütte kann man sich ausruhen: Wo hast du eine Pause eingelegt?"
- „Manchmal steht man vor einer schwierigen Entscheidung: Welchen Weg hast du an der Kreuzung eingeschlagen?"
- „Es gibt noch viel zu erreichen: Was siehst du am Horizont?"

Hinweise / Stolperstellen:

Um diese Methode einsetzen zu können, müssen die Kinder die Begriffe auf der Karte sowie deren symbolische Bedeutung kennen. Dies benötigt eine intensive Phase der Vorentlastung. Ist diese Voraussetzung allerdings geschaffen, können auch Kinder, die das lateinische Alphabeth nicht beherrschen oder sprachlich noch sehr unsicher sind, ihre Überlegungen in Bildern ausdrücken. Differenzierungsmöglichkeiten ergeben sich aus dem offenen Charakter der Methode.

Variation:

- Anfangs können die Schüler auf eine Vorlage zurückgreifen (s. S. 67).
- Auch ist es möglich, symbolisch auf die Erfahrungswelt der DaZ-Kinder einzugehen. Manche haben vielleicht Erfahrungen mit der Wüste gemacht. Sie könnten dann Zelte, Dünen, Oasen etc. als Symbole verwenden.

Beispiel für eine Lernlandkarte:

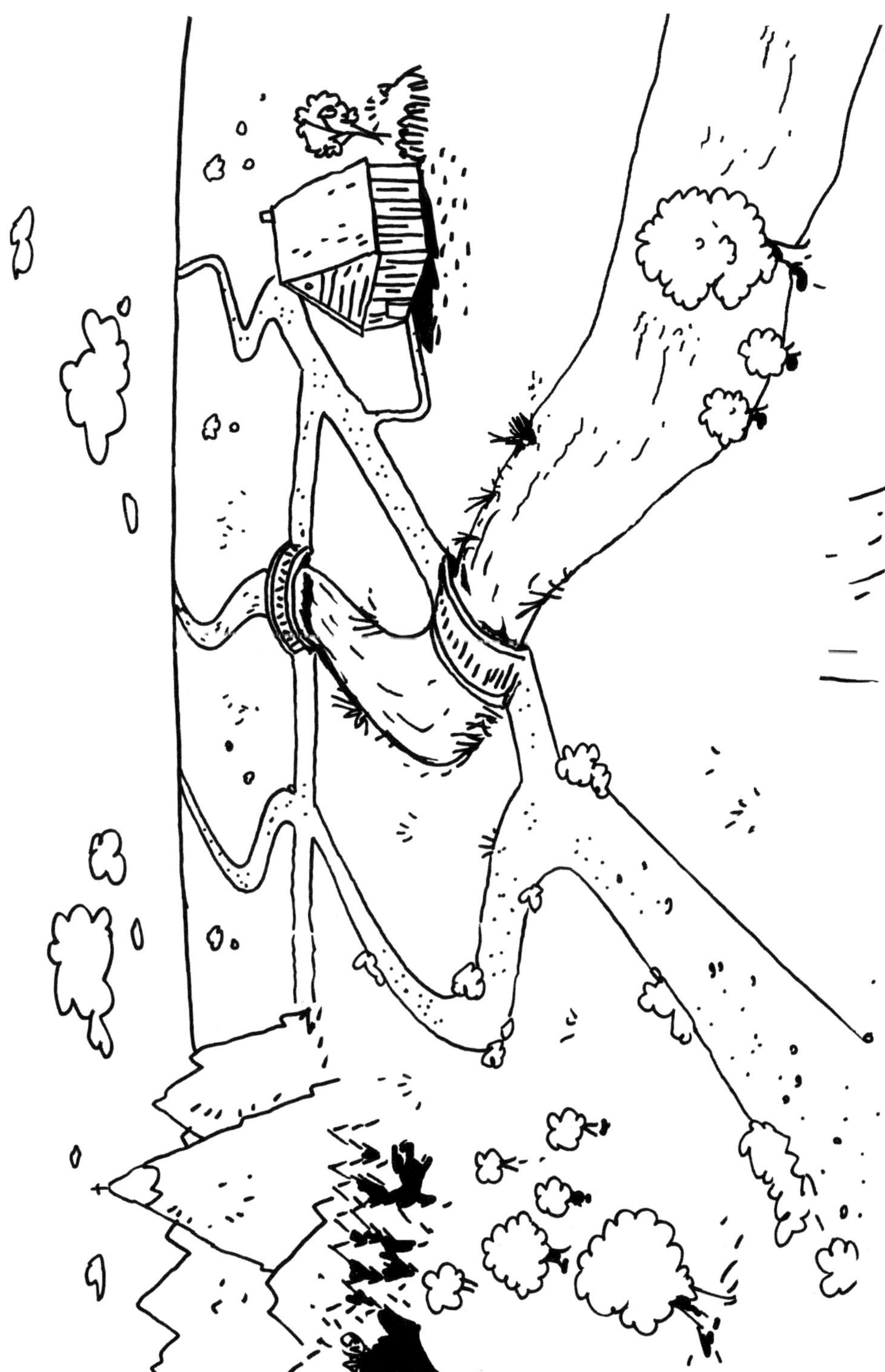

Die Kinder reflektieren ihre Lesefertigkeiten, indem sie anhand authentischer Sprachproben über „gutes Vorlesen" nachdenken. Unterschiedliche Niveaustufen der Texte und ein Angebot von Geschichten in anderen Sprachen bereichern die Lernsituation für alle Kinder.

 Lesefertigkeiten reflektieren und weiterentwickeln

 20 Minuten

 je nach Verfügbarkeit: Aufnahmegerät, Smartphone, Tablet oder CD-Player

Durchführung:

- Aus einem Angebot von Texten wählen die Kinder mit dem Partner oder in der Kleingruppe einen aus. Es stehen Texte in unterschiedlichen Niveaustufen zur Verfügung. Auch Texte in anderen Sprachen können in die Auswahl aufgenommen werden.
- Die Kinder verteilen die Rollen oder Abschnitte und üben laut zu lesen.
- Schließlich nehmen sie den von ihnen gelesenen Text auf und hören ihn im Anschluss an.
- Nun beginnt die Reflexionsphase: Kriterien für gutes Vorlesen wie die Leseflüssigkeit, das Lesetempo, die Leserichtigkeit und der Einsatz sinnunterstützender Betonungen stehen den Kindern zur Verfügung und werden für die Reflexion genutzt.
- Nach einer weiteren Übungsphase wird wiederholt aufgenommen. Die Ergebnisse werden der Klasse präsentiert.

Aufgabenbeispiele:

- Im Rahmen eines Märchenprojekts in der 3. Klasse finden sich die Kinder in Kleingruppen zusammen und wählen aus verschiedenen Märchenszenen (Textvorlagen) eine aus. Nun werden die Rollen verteilt und die Texte geübt. Fühlen sich die Kinder sicher, nehmen sie ihre Szene auf. Beim Abspielen bewerten sie das Gehörte anhand der o. g. Kriterien und geben sich gegenseitig Rückmeldung. Mithilfe der Kritik ihrer Mitschüler üben die Kinder ihre Szene noch einmal, nehmen ihren Text erneut auf und präsentieren ihn der Klasse.
- Das Aufnahmegerät kann auch dazu genutzt werden, authentisches Sprachmaterial zu sammeln und für den Sprachlernprozess zu nutzen. So können Interviews geführt und aufgenommen werden oder Sprachproben auf dem Spielplatz gesammelt werden. Diese Audiodateien werden dann zur weiteren Reflexion über Sprache (Unterschiede von mündlicher und schriftlicher Sprache, Sprechtempo, dialektale Variation etc.) genutzt.

Hinweise / Stolperstellen:

- Verschiedene Lesefertigkeitsübungen wie das Pyramidenlesen können vor der Aufnahme helfen, um sich ins laute Vorlesen einzufinden.
- Werden auch Texte in anderen Sprachen zur Verfügung gestellt und aufgenommen, ist es sinnvoll, dass sich Kinder zusammenfinden, die dieselbe Sprache sprechen. Gerne können auch die Kinder selbst Geschichten von zu Hause mitbringen. Als Experten eignen sich Eltern oder auch Mitschüler aus anderen Klassen. Sprachenvielfalt wird auf diese Weise in der Klasse wertgeschätzt.
- Es lohnt sich, die aufgenommenen Audiodateien in chronologischer Reihenfolge aufzubewahren. So behalten sie über einen längeren Zeitraum ihre Bedeutung für die Schüler und dokumentieren den Leselernprozess. Sie könnten auch in ein Lerntagebuch oder ein Portfolio integriert werden.

Variation:

Die Arbeit mit dem Aufnahmegerät kann auch eingesetzt werden, um nicht alphabetisierten Kindern die Möglichkeit zu geben, eigene Geschichten zu erfinden, aufzunehmen und der Klasse zu präsentieren. Auch die Ergebnisse aus Gruppenarbeiten können auf diesem Weg im Plenum vorgestellt werden. Die Reflexion der Vorlesequalität wird dann entsprechend weniger im Fokus stehen, kann aber Teil der allgemeinen Rückbetrachtung sein.

Durch Gespräche über die eigenen Lernfortschritte werden die Kinder angeregt, über das eigene Lernen nachzudenken und neue Lerntechniken auszuprobieren. Für die DaZ-Kinder liegt der Schwerpunkt auf den vereinbarten Lernzielen im Deutscherwerb.

Gespräche über die eigenen Lernfortschritte vorbereiten und durchführen; über das eigene Lernen nachdenken und die beste Lerntechnik für sich entdecken

20 Minuten zum Einsatz im Unterricht, später die Vorbereitung als Hausaufgabe geben, dann 5–10 Minuten pro Gespräch

das Lerntagebuch aus der Methode „Lernen planen" (s. 2.1)

Durchführung:

- Die Schüler überlegen, ob sie das zuletzt vereinbarte und im Lerntagebuch notierte Lernziel erreicht haben.
- Sie überlegen, ob ihnen die Lerntechnik gefallen hat.
- In Tandems oder Kleingruppen formulieren sie Fragen für das Lerngespräch mit der Lehrkraft und unterstützen sich dabei gegenseitig.
- Jedes Kind hat ca. 5 Minuten für ein Lerngespräch mit der Lehrkraft.

Aufgabenbeispiel:

Die Kinder überlegen sich zunächst, wie man das Lernen beschreiben kann und was man alles im Deutschunterricht lernt. Dann überlegt jedes Kind (für sich oder im Austausch mit einem Partner, der Kleingruppe), was es selbst in den letzten Tagen oder Wochen gelernt hat.
Nun formulieren die Kinder Fragen an die Lehrerin und schreiben diese auf. Mit dieser Vorbereitung führen sie das Lerngespräch mit der Lehrerin und besprechen dabei neue Lernziele. Die Lehrkraft unterstützt das Kind je nach Bedarf mehr oder weniger bei der Auswahl des nächsten Lernziels. Nach dem Gespräch tauschen sich die Kinder über ihre Lernfortschritte und nächsten Lernziele aus.
Wichtig ist, dass die Kinder die Ergebnisse dazu individuell im Lerntagebuch festhalten.

Hinweise / Stolperstellen:

- Diese Kommunikationsform muss in der Stundenplanung berücksichtigt werden. Es müssen / können nicht alle Kinder auf einmal an die Reihe kommen. Die Lernreflexion kann über 1–2 Wochen während der Gruppenarbeitsphasen eingebaut werden.
- Wird ein Lerntagebuch (wie in 2.1) verwendet, können die Blankovorlagen für die ersten Seiten kopiert werden. Die erste Seite gestalten die Kinder frei mit ihrem Namen und einem Bild oder Stickern, je nach Geschmack. Auf den Doppelseiten bietet sich folgende Aufteilung an: Links werden die Blankovorlagen eingeklebt und mit dem Lernplan (Lernziel, Lerntechnik, Zeit) gefüllt, auf der rechten Seite notieren die Kinder ihre Überlegungen zum Lernprozess. Sie schreiben auf, was gut funktioniert hat oder ob sie eine andere Lerntechnik ausprobieren möchten. Sie nutzen diese Seite zur Vorbereitung auf das Lerngespräch mit der Lehrkraft und für das Festhalten der Ergebnisse aus diesem Gespräch.

Variation:

- Das Lerngespräch kann auch auf die Erarbeitung eines neuen Kapitels, eines bestimmten Lernbereichs beschränkt werden, in dem alle Kinder zu demselben Lernstoff den Lernprozess reflektieren.
- Zur Unterstützung der Gesprächsvorbereitung kann auf die Mindmap zur Sprachbeschreibung (s. 2.1 Lernen planen) verwiesen werden. Je nach Fortschreiten der Klasse in der Erarbeitung des Unterrichtstoffes können nach einiger Zeit auch neue Mindmaps zur Sprachbeschreibung erstellt werden. Wenn die Mindmaps nebeneinander aufgehängt werden, können die Kinder bei einem Rundgang (s. 4.1) auch die „Klassenfortschritte" in Deutsch bewusst wahrnehmen.
- Die Kinder können in Beratungsszenarien mit unterschiedlichen Rollen auch selbst Beratungsgespräche gestalten, wobei ein Kind jeweils die Lehrkraftrolle spielt (und sich entsprechend beratend und hilfreich benehmen muss).

Übersicht über die geförderten Lernbereiche des Lehrplans Deutsch

Nr.	Verstehend zuhören	Zu anderen sprechen	Gespräche führen	Über Lernen sprechen	Szenisch spielen	Über Leseerfahrungen mit Texten und weiteren Medien verfügen	Über Lesefertigkeiten verfügen	Über Lesefähigkeiten verfügen	Texte erschließen	Texte präsentieren	Über Schreibfertigkeiten verfügen	Texte planen und schreiben	Texte überarbeiten	Sprachliche Verständigung untersuchen	Gemeinsamkeiten & Unterschiede von Sprachen entdecken	Sprachliche Strukturen untersuchen und verwenden	Richtig schreiben
1.1								X	X								
1.2		X										X				X	
1.3	X					X	X										
1.4												X		X		X	
1.5				X								X		X		X	X
1.6	X						X				X			X			
2.1				X										X			
2.2		X	X									X					
2.3												X		X		X	
2.4														X		X	X
2.5														X	X		
2.6							X								X	X	X
3.1	X															X	
3.2								X	X				X				
3.3																X	X
3.4												X					
3.5												X	X	X			
3.6	X											X		X		X	
3.7															X	X	X
3.8							X					X		X			X
4.1				X						X							
4.2													X	X			X
4.3		X			X	X			X	X							
4.4										X		X	X				
4.5		X												X			
5.1			X	X									X				
5.2			X										X			X	
5.3														X		X	
5.4			X										X				
6.1			X	X													
6.2			X	X													
6.3				X		X		X					X				
6.4			X	X													